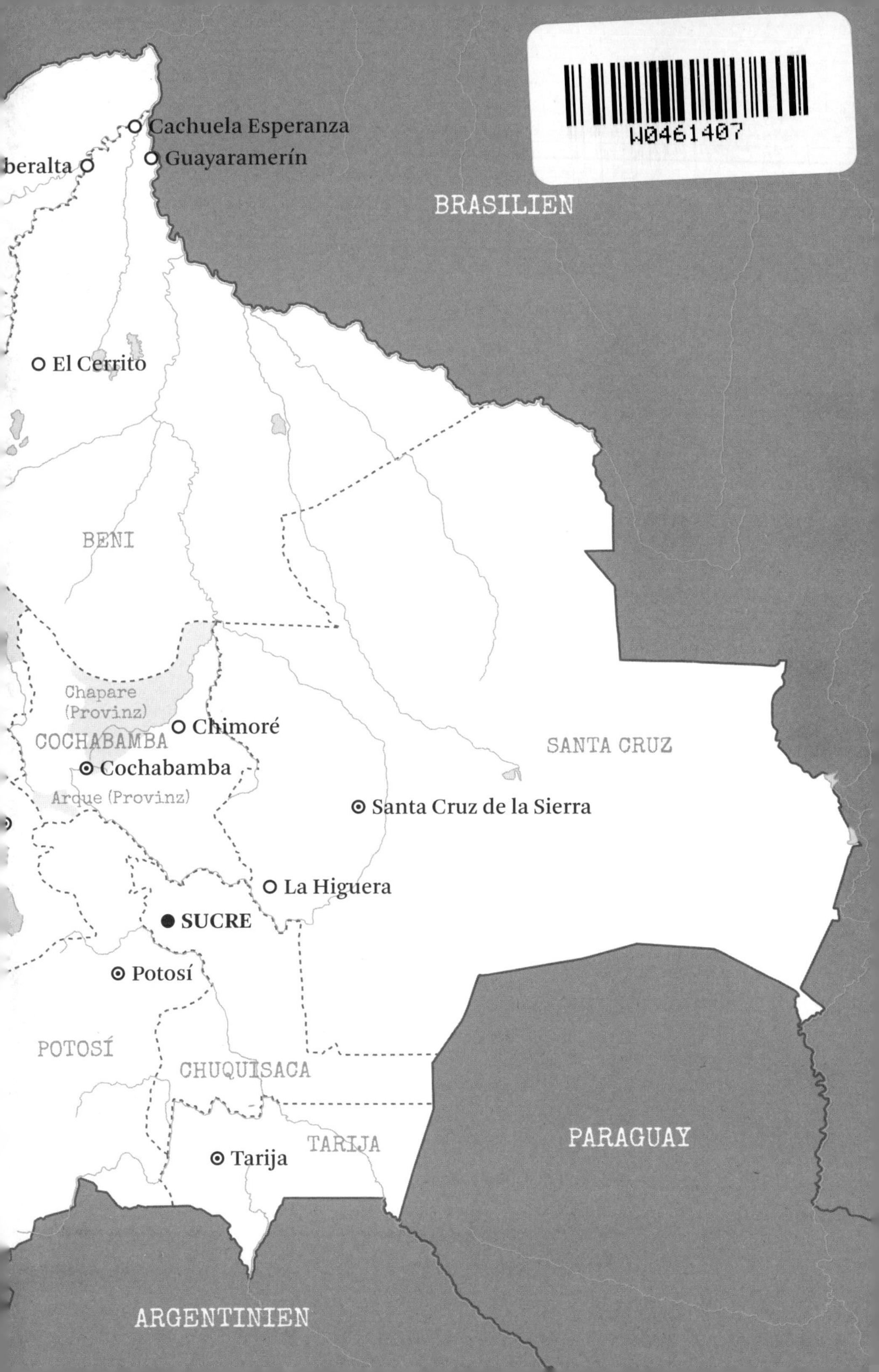
Cachuela Esperanza
beralta
Guayaramerín
BRASILIEN
El Cerrito
BENI
Chapare
(Provinz)
COCHABAMBA
Chimoré
Cochabamba
Arque (Provinz)
SANTA CRUZ
Santa Cruz de la Sierra
La Higuera
SUCRE
Potosí
POTOSÍ
CHUQUISACA
TARIJA
Tarija
PARAGUAY
ARGENTINIEN

rüffer & rub biografie

LOS TIEMPOS

VIERNES 23 DE DICIEMBRE DE 1994

El ministro de Justicia, René Blattmann Bauer, con visibles lágrimas en sus ojos, entregó ayer nueve mandamientos de libertad a internos del penal de San Pedro, iniciando así la aplicación de la Ley de "Abolición de Prisión y Apremio Corporal por Obligaciones Patrimoniales".

Maurus Held

René Blattmann
Sein Name ist Gesetz

Für Marianne

Der Verlag und der Autor bedanken sich
für die großzügige Unterstützung bei

ALLSCHWIL

Annette Ringier-Stiftung
Elisabeth Jenny-Stiftung
Hamasil Stiftung

Der rüffer & rub Sachbuchverlag wird vom Bundesamt für Kultur mit einem Strukturbeitrag für die Jahre 2021–2024 unterstützt.

Erste Auflage Herbst 2023

info@ruefferundrub.ch | www.ruefferundrub.ch

Schrift: Arnhem, Special Elite
Druck und Bindung: GRASPO CZ, a.s.
Papier: 90 g/m² Munken print white, 1.5

ISBN 978-3-907351-20-8

EN PAZ

Muy cerca de mi ocaso, yo te bendigo, vida,
porque nunca me diste ni esperanza fallida,
ni trabajos injustos, ni pena inmerecida;

porque veo al final de mi rudo camino
que yo fui el arquitecto de mi propio destino;

que si extraje las mieles o la hiel de las cosas,
fue porque en ellas puse hiel o mieles sabrosas:
cuando planté rosales, coseché siempre rosas.

... Cierto, a mis lozanías va a seguir el invierno:
¡mas tú no me dijiste que mayo fuese eterno!

Hallé sin duda largas las noches de mis penas;
mas no me prometiste tan sólo noches buenas;
y en cambio tuve algunas santamente serenas ...

Amé, fui amado, el sol acarició mi faz.
¡Vida, nada me debes! ¡Vida, estamos en paz!

Amado Nervo (1870-1919)

(Übersetzung auf S. 265)

EL DIARIO

DOMINGO 25 DE DICIEMBRE DE 1994

Dr. Blattman

QUE DIOS LO BENDIGA

E.R.A.

(Dt.: Dr. Blattmann, Gott möge Sie segnen. E.R.A.)

Vorwort

»Maurus, du kennst sicher ›Hundert Jahre Einsamkeit‹ von Gabriel García Márquez, nicht? Lass mich dir etwas erzählen …«

Doch zuerst ein Blick zurück. März 2021: Für ein Studienmodul der Zürcher Hochschule für Angewandte Wissenschaften (ZHAW) in Kooperation mit dem rüffer & rub Sachbuchverlag sowie der Stiftung Strategie-Dialog21 hatte ich die Aufgabe, ein rund zehnseitiges Porträt über eine einzigartige Persönlichkeit zu verfassen. Dieses würde, wenn es von einer Jury für gut genug befunden wurde, in der Porträtsammlung »Charakterköpfe« abgedruckt. Eine Weile überlegte ich, wie ich an einen ebensolchen »rankomme«. Schließlich vermittelt mir ein gemeinsamer Bekannter den Kontakt mit René Blattmann. Drei Tage später klingle ich an seiner Tür in einem Basler Vorort, und schon geht's los.

»Gárcia Márquez verwendet einen Stil namens *Realismo mágico.* In einem sonst realen Setting passieren plötzlich magische Dinge, die für den Leser unerklärlich sind, für die Figuren aber ganz normal. Und weißt du was? Es gibt einen Grund, warum der Stil mit Südamerika assoziiert wird …«

Ein schweizerisch-bolivianischer Staatsbürger, der fernab der Schweiz, in seiner zweiten Heimat, als Justizminister Tausenden von Indigenen die lang ersehnte Freiheit ermöglicht, zu einer populären Figur aufsteigt und später als Richter am Internationalen Strafgerichtshof in Den Haag amtet – dieses Leben musste erzählt werden. Daran zweifelte ich keine Sekunde, vor allem, weil René und seine Errungenschaften hierzulande kaum bekannt sind. So schrieb sich das Porträt im Eiltempo, derart fasziniert war ich von all dem, was er mir erzählte und erklärte. Schon während des Schreibens wuchs in mir die Zuversicht, dass der Text einen Platz in »Charakterköpfe« finden würde, was sich dann auch bestätigen sollte. Das Buch erschien im August 2021. Das wahre Potenzial der Zusammenarbeit mit René wurde mir aber erst bewusst, als unser Porträt schließlich unter die Top 4 von insgesamt 28 gewählt und prämiert wurde.

»Wir haben wirklich gewonnen? Verflixt, Maurus, ich brauche einen Drink.«

»René, ich hab da eine Idee …«

»Weißt du, Maurus, wenn du meine Biografie schreiben willst, dann brauchst du keine Elemente des *Realismo mágico* zu verwenden. Mein Leben hat schon genug solche.«

Und so legten wir los. Wir recherchierten und durchstöberten Gerichtsakten, Gesetzestexte und Zeitungsartikel. Ich machte alte Wegbegleiter Renés ausfindig, schrieb diverse E-Mails und telefonierte nach Südamerika. Er gab mir einen Crashkurs in Jurisprudenz, lehrte mich das römisch-germanische Recht und das *Common Law,* vor allem aber die Geschichte des Völkerrechts. Da René diese als Richter am Internationalen Strafgerichtshof in Den Haag mitprägte, enthält dieses Buch drei kurze, aber dennoch wichtige Exkurse zum Völkerrecht. Im ersten Kapitel enthalten ist auch eine Anekdote mit dem bolivianischen Notar Victoriano Hurtado. Dieser sollte der einzige Mensch sein, den René je antraf, der seinen Großvater Karl noch persönlich kannte. Mit Karl, der 1905 von Basel nach Bolivien auswanderte, beginnt die Geschichte der Blattmanns fernab der Schweiz – und folglich auch dieses Buch. Fortan wird das Leben seines Enkels chronologisch erzählt, wobei einzelne Rückblenden in seine Vergangenheit und jene seiner Familie ein auflockerndes Element darstellen.

Aus insgesamt 17 Tagen, verteilt über anderthalb Jahre – Corona sollte das eine oder andere Mal noch reinfunken –, sind rund 80 Stunden aufgenommenes Tonmaterial und gegen 50 Seiten kaum entzifferbare Notizen entstanden. Daraus resultiert letztlich diese Biografie, die Sie nun in den Händen halten. Eine Menge Geduld war gefragt, viel Ausdauer, Hingabe und Disziplin. Gelohnt hat es sich allemal.

»Maurus, und was ist mit den Elementen des *Realismo mágico?*«
»Aber René, du hast doch gesagt …«

Zu guter Letzt bleibt mir nur, Danke zu sagen. *Gracias,* René, für dein Vertrauen, für diese so spannende, lehrreiche und intensive Zusammenarbeit. Deine Biografie zu schreiben war mir eine große Freude und wird mir in bester Erinnerung bleiben, genauso wie die vielen Gespräche, Spaziergänge und Mittagessen abseits des Schaffens.

Dem rüffer & rub Sachbuchverlag möchte ich ebenfalls für die tolle und unkomplizierte Kooperation danken; Anne Rüffer für das Vertrauen in mich und mein Vorhaben, Felix Ghezzi für das Lektorat, Saskia Nobir für die Covergestaltung und das Layout. Großen Dank gebührt darüber hinaus Kathia Saucedo, Nelly La Mar, Arturo »Zorro« Yáñez Cortes und Godofredo Reinicke, die mir alle meine Fragen jeweils innert kürzester Zeit beantworteten, trotz der Zeitdifferenz zwischen Europa und Südamerika. Jan Müller und Sven Micossé danke ich für ihre diversen Impulse während des Schreibprozesses und bei der Covergestaltung, genauso wie meinen Eltern, meiner Schwester und Richi Hänzi. Ihm, aber auch Pablo Blattmann gebührt ein spezieller Dank: Besonders wegen ihrer Initiative ist die Idee zu diesem Buch überhaupt entstanden.

Von Basel in den bolivianischen Dschungel

Er stand auf dem Deck der »La Plata«, jenes Dampfers, der ihn an die Küste Perus bringen würde. Es war spätabends, rund um ihn herum war es stockfinster, einzig die Reling vor ihm war zu erkennen sowie das weiß schäumende Meerwasser rund zwei Dutzend Meter unter ihm, das schwach beleuchtet wurde von ein paar Sternen, die vom Himmel herabstrahlten und ihn zu begleiten schienen. Das Schiff befand sich vor der Küste Hollands. Demnächst würde es in den Ärmelkanal einbiegen, ehe es die Weiten des Atlantiks und, nach Passieren des Panama-Kanals, die des Pazifiks auf sich nahm.

Wenige Monate zuvor, im Herbst des Jahres 1905, hatte Karl Blattmann, René Blattmanns Großvater, seine Schweizer Heimatstadt Basel verlassen und war einem Stellenangebot der französischen Firma Braillard & Co. nach Paris gefolgt. Braillard war ein Handelshaus, das in der zweiten Hälfte des 19. Jahrhunderts erkannt hatte, womit sich eine Menge Geld machen ließ, und zwar mit Kautschuk. Die natürliche Form dieses milchigen Stoffes wird aus dem gleichnamigen Baum gewonnen, und dieser Baum, dessen wissenschaftlicher Name *Hevea brasiliensis* lautet, wuchs zu jener Zeit einzig in den endlosen, tropischen Weiten des Amazonasbeckens. Bis anhin hatten die Überschwemmungsgebiete des Amazonas als ungeeignet gegolten, um Agrarkolonien zu errichten, weswegen nur wenige europäische Siedler ihr Glück in dieser Ecke der Erde versuchten. Die Entdeckung des Kautschuks sollte dies ändern. So entsandte Braillard Angestellte von Paris nach Brasilien, Bolivien und Peru, um zusammen mit ihren Stammhäusern vor Ort die Kautschukgewinnung voranzutreiben. Die enormen Kautschukmassen brachten sie auf den unzähligen Nebenflüssen des Amazonas zum Ozean, von wo aus schließlich der Transport nach Europa und Amerika arrangiert wurde. Um diese kommerziellen und logistischen Herausforderungen zu meistern, war das Unternehmen darauf angewiesen, erfahrene Männer anzustellen, die ihr Handwerk verstanden und zu den einheimischen Arbeitern einen guten Draht finden würden. Karl Blattmann sollte einer von ihnen sein. Der 23-Jährige hatte es stets gemocht, zu reisen, Neues zu sehen, das Bekannte zu verlassen, um dem Fremden zu begegnen, er war ein leidenschaftlicher Fotograf und lichtete mit seiner Balgenkamera alles ab, was ihn auf irgendeine Weise faszinierte. Und so hatte er ohne lange zu zögern die Offerte als Führungskraft in einer Filialverwaltung in Übersee angenommen. Ein paar Wochen später war er nach Paris aufgebrochen, von wo es nach Amsterdam ging und jetzt per Schiff nach Callao, Peru. Einmal angekommen, würden es nochmals rund 2000 Kilometer Landweg bis zur finalen Destination sein: Riberalta, Bolivien.

Riberalta liegt im tiefen Dschungel des bolivianischen Nordens, im Departamento Beni, nahe der Grenze zu Brasilien, dort, wo die beiden Flüsse Madre de Dios und Beni zueinanderfinden. Das Dorf war einst die Heimat der Pacahuara und der Chácobo, zweier Ureinwohnerstämme, denen es lange Zeit gelungen war, ihre Kommunen vehement gegen die Invasion der europäischen Siedler zu verteidigen und ihre Kulturen und Traditionen zu bewahren. Der Name Riberalta setzt sich aus den spanischen Wörtern *ribera* und *alta* zusammen und bedeutet »hohes Ufer«, doch bevor die Fremden, die den indigenen Schutzwall gegen Ende des 19. Jahrhunderts dann doch allmählich zu durchbrechen wussten, dem Dorf diesen Namen gaben, wurde es von seinen Einwohnern liebevoll *Pamahuayá* genannt, »Ort der Früchte«. Die *Chirimoya,* zu Deutsch Rahmapfel, oder die *Jabuticaba,* die Baumstammkirschen, wachsen hier überall, auf den Feldern, in den Gärten, entlang der beiden Flüsse, im Dschungel, und so wie diese Früchte seit jeher wachsen, so tun es die Kautschukbäume. Auf Quechua, der Sprache der Ureinwohner, bedeutet Kautschuk »weinendes Holz«, und rückblickend mag das eine traurige Vorahnung gewesen sein, denn die Ankunft der Handelsmänner aus Übersee markierte den Anfang des Untergangs von Pamahuayá und den Aufstieg von Riberalta, wie man es heu-

Karl Blattmann mit anderen Angestellten
der Braillard in Riberalta

te kennt. Offiziell als Dorf eingeweiht wurde der Ort im Jahre 1885 von Federico Bodo Clausen, einem Schweizer wie Karl Blattmann, der seinem Pioniergeist in die weite Welt gefolgt war, auf der Suche nach Glück und Wohlstand.

Nach 23 Tagen an Bord der »La Plata« erreichten Karl Blattmann und weitere Mitarbeiter der Firma Braillard den Hafen von Callao in Peru. Sogleich setzten sie ihre Reise über Arequipa und über die bolivianische Grenze via La Paz fort, den Yungas, einer Region aus tiefen, subtropischen Tälern entlang in Richtung Reyes und El Cerrito, bis sie endlich in Riberalta ankamen. Dort wurden sie von französischen, schweizerischen und anderen europäischen Händlern empfangen und sogleich mit der Infrastruktur vor Ort vertraut gemacht. Viele von ihnen hatten ihre Heimat schon Jahre zuvor verlassen und sich im bolivianischen Regenwald ein neues Leben aufgebaut. Die hohen Angestellten, die *Ejecutivos,* waren unschwer an ihrer eleganten Kleidung zu erkennen, denn sie trugen, wegen des tropischen Klimas, die meiste Zeit Weiß. Weiße Leinenhemden, weiße Hosen, weiße Schuhe. Wie Ärzte sahen sie aus, und manche von ihnen waren es auch, denn wegen der lästigen Moskitos, die man in Europa nicht kannte, erkrankte immer wieder jemand an Malaria oder am Denguefieber. Für diese Fälle hatte Braillard gar ein eigenes Krankenhaus errichtet. Karl und seine Mitarbeiter blieben die meiste Zeit unter sich, an den Wochenenden gingen sie mit ihren Hunden und dem Puma, den Karl als Haustier hielt, spazieren, oder sie ritten zu Pferd in die Weiten des Dschungels hinaus. Allzu großen Kontakt mit der indigenen Bevölkerung im Dorf pflegten sie nicht. Ihre Spanischkenntnisse waren, je nachdem, wie lange sie hier waren, noch nicht gut genug, als dass sie zu ihnen eine engere Beziehung hätten aufbauen können, oder die Indigenen sprachen selbst kein oder nur wenig Spanisch. Und selbst wenn die Sprachbarrieren aus dem Wege geschafft worden wären, so hätte den Fremden vonseiten der Indigenen immer noch eine gehörige Portion Misstrauen entgegengeschlagen. Die Ankunft der *Conquistadores* ab dem 16. Jahrhundert hatte sie gelehrt, dass der Verlauf der Geschichte durch Fremde von heute auf morgen in Bahnen gelenkt werden konnte, deren Tragweite sie gar nicht zu erahnen wussten. Dies war unweigerlich in ihr kollektives Gedächtnis eingebrannt.

Karl Blattmann war es nicht zuletzt deshalb ein besonderes Anliegen, denjenigen Einheimischen, die für Braillard arbeiteten, mit Anstand und Respekt zu begegnen und zu signalisieren, dass er ihnen gegenüber alles andere als feindselig gestimmt war. Er nahm sich ihrer an und brachte ihnen das Handwerk eines Kaufmanns bei, wobei er vor allem Wert darauf legte, sie typisch schweizerische Tugenden zu lehren: Genauigkeit, Pünktlichkeit und Disziplin. Diese, das hatte er schnell erkannt, waren den Indigenen nicht allzu sehr vertraut, was ihn als einer der Verantwortlichen seiner Filiale das eine oder andere Mal in die Bredouille brachte. So hatte sich ein junger Laufbursche namens Victoriano Hurtado einst nicht darum geschert, den Deckel seines Tintenglases zu schließen, wodurch die Tinte in der tropischen Hitze austrocknete. Blattmann scheute sich nicht davor, Victorianos abendliche Freizeitpläne zu durchkreuzen und ihm zu befehlen, das Versäumnis sogleich nachzuholen. Obschon sich dieser ungemein darauf freute, einem der größten Dorffeste des Jahres, der Dreikönigsfeier am 6. Januar, beizuwohnen und er sich hierfür bereits Stunden zuvor, gleich nach Dienstschluss, im Publikum eingefunden hatte, musste er, als das Fest nun endlich losging, seinen Platz nochmals verlassen und ins Büro zurückkehren. Der Laufbursche sollte verstehen, wie umständlich die Beschaffung von Gütern nach Riberalta war und dass mit ihnen stets bedächtig umgegangen werden musste. Danach blieb kein einziges Tintenglas geöffnet.

Jahre nach seiner Ankunft im Norden Boliviens hatte sich rumgesprochen, dass Karl Blattmann diese Tugenden nicht nur lehrte, sondern selbst lebte und zur Schau stellte. Er hatte sich in Riberalta einen Namen als fleißigen Geschäftsmann gemacht, der Handel lief gut, und so wurde er schließlich von der Casa Suárez abgeworben. Dieses Handelshaus befand sich in einer kleinen Siedlung namens Cachuela Esperanza, im Grenzgebiet zu Brasilien, rund hundert Kilometer weiter nordwestlich, und war, wie die Siedlung selbst, von den Gebrüdern Suárez Callaú gegründet worden. Sieben an der Zahl waren sie, ihr Anführer war Nicolás, der wohl erfolgreichste Kautschukbaron Boliviens, der zu Höchstzeiten beinahe das Monopol der Kautschukgewinnung besaß. Mit seinem Reichtum hatte er eben mal kurz gar eine eigene Armee ausgerüstet, bestehend aus Angestellten seines mächtigen Handelshauses, mit denen er um die Jahrhundertwende in einen Grenzkrieg gegen die Brasilianer zog und diese fortscheuchte, wodurch die ganze Region bolivianisches Territorium blieb. Nicolás Suárez Callaú, dieses unerschrockene Alphatier, erkannte Karl Blattmanns Potenzial, und so wurde dieser im Jahre 1913 in Cachuela Esperanza zum

Gerente general, zum Geschäftsführer der Casa Suárez ernannt. Die harte Arbeit in Riberalta hatte sich bezahlt gemacht.

Rund ein halbes Jahrtausend zuvor beherrschte 60 Kilometer von Basel rheinaufwärts ein Tyrann das Dorf Breisach. Breisach gehörte zum Herzogtum Burgund, das von Karl dem Kühnen (1433–1477) regiert wurde, und dieser galt als Inbegriff eines wahren Ritters. Er scheute sich vor keinem Kampf, verteidigte seine Territorien stets mit eiserner Härte und ließ kaum eine Chance ungenutzt, dem Volk seine Macht zu demonstrieren. Und so, wie der Herzog regierte, taten es seine Landvögte. Diese kümmerten sich um die alltäglichen Verwaltungsgeschäfte, die in den einzelnen Gebieten im Herzogtum anfielen, sodass sich Karl der Kühne gänzlich seiner Leidenschaft, dem Militär, widmen konnte. Einer dieser Landvögte war Peter von Hagenbach (1420–1474), und dessen Tyrannei sollte ihn einst teuer zu stehen kommen. Unter seiner Herrschaft wurden vor allem die Breisacher Frauen und Kinder konstant schikaniert und misshandelt, irrsinnige Steuern und Zölle wurden auf Lebensmittel und andere Güter erhoben, politische Oppositionelle willkürlich hingerichtet. So durfte es nicht verwundern, dass der Unmut innerhalb der Bevölkerung entlang des Rheins immer größer wurde, bis er schließlich in einem Aufstand mehrerer Dörfer mündete. Im April 1474 wurde Peter von Hagenbach gestürzt und gefangen genommen, und alsbald hatte er sich im Radbrunnenturm von Breisach vor Gericht zu verantworten. Zwei der insgesamt fünf Anklagepunkte lauteten auf Mord und Vergewaltigung.

Am Ende stand das Todesurteil, und dieses dürfte kaum ein großes Echo ausgelöst haben, waren Schuldsprüche solcherart zu jener Zeit üblich. Dennoch sollte der Gerichtsprozess gegen Peter von Hagenbach noch Jahrhunderte später nachhallen und von Historikern und Rechtsgelehrten als einer der Grundsteine des Völkerrechts erachtet werden, denn es handelte sich um den ersten internationalen Kriegsverbrecherprozess der Geschichte. Das eigens für dieses Verfahren einberufene Tribunal wurde mit 28 Richtern aus mehreren Teilstaaten des Heiligen Römischen Reichs besetzt, sie kamen aus verschiedenen Königreichen, Fürstentümern oder Grafschaften. Diese Transnationalität war ein Novum, begrenzten sich Gerichte bisher für gewöhnlich auf ein Zuständigkeitsgebiet innerhalb eines Staates. Darüber hinaus sahen die Richter in der Vergewaltigung, die unter Hagenbachs Obrigkeit geschah, ein Kriegsverbrechen und ahndeten sie entsprechend. Noch nie zuvor war ein Gerichtsurteil bezüglich sexueller, geschlechtsspezifischer Verbrechen ausgesprochen worden. Und was die sogenannte Vorgesetztenverantwortlichkeit betraf, wurde in Breisach ebenfalls ein Präzedenzfall geschaffen. Peter von Hagenbach argumentierte, er habe unmöglich über alle Verbrechen, die von seinen Untertanen verübt worden waren, Bescheid wissen oder diese rechtzeitig unterbinden können. Das Gericht hingegen war der Ansicht, dass genau das seine Pflicht als Vorgesetzter gewesen sei und er diese versäumt habe, woraufhin die Straftaten Hagenbach angelastet wurden, als hätte er sie selbst begangen. Für die Kriegsverbrecherprozesse während der Nachkriegszeit des 20. Jahrhunderts sollte dieses Rechtsverständnis fundamental sein. In vielen der Urteilsschriften finden sich Referenzen auf Peter von Hagenbachs Prozess.

Pastor Oyola Ojopi war erzürnt, und wie! Er mochte zwar, obschon sein Vorname anderes vermuten ließ, nur ein einfacher Bürger aus dem Departamento Beni sein, doch das hatte nicht zu bedeuten, dass er nicht um seine Bürgerrechte wusste. Und diese sahen bestimmt nicht vor, das Opfer von zwei wild gewordenen, habgierigen und machtsüchtigen Verwaltungsbeamten zu werden, die in jenem Moment Amtsmissbrauch begingen, als sie ihn und eine Vielzahl seiner Mitbürger gewaltvoll misshandelten. Also reichte Pastor im Jahr 1893 bei der obersten Regierung in La Paz eine offizielle *Queja* ein, eine Klage, und dieser verpasste er die Überschrift »Zwei Monster im Beni«, sodass ja keine Zweifel bestanden, wofür er den Präfekten Samuel González Portal und dessen Unterpräfekten Rómulo Arano Peredo hielt. Letzterer war ausgerechnet der Gatte seiner Cousine, eine unglückliche Gegebenheit, für Pastor Oyola Ojopi allerdings noch längst kein Grund, nun scheinheilige familiäre Loyalität zu demonstrieren. Die beiden Präfekte sollten seiner Meinung nach unverzüglich ihrer Ämter und ihrer Immunität enthoben werden. »Anlässlich mehrerer unsäglicher Anschläge in Trinidad, der Hauptstadt des Departamento Beni, und in anderen Städten, wurden wir eingesperrt, schikaniert, ausgebeutet und letztendlich deportiert, viele unserer Nachbarn ohne jeglichen legalen Grund, ohne rechtmäßiges Verfahren und mit absoluter Übertretung der Grundrechte, die die Wohnung, das Eigentum und die Freiheit des Bürgers garantieren«, schrieb Pastor in seiner Klage an den *Ministro de Gobierno,* den Regierungsminister. Angeblich hätten er und seine Mitbürger gegen die verfassungsmäßige Ordnung rebelliert, doch der wahre Grund für die Verbrechen des

Präfekten González Portal und dessen Unterpräfekten Arano Peredo sei schlicht und einfach deren Wunsch gewesen, sie aus den reichen Ländern des Beni zu vertreiben, aus einer Region, in der sie wohlgemerkt schon seit Generationen zu Hause seien. Tatsächlich war Pastors Großvater Hipólito Ojopi ein allseits geschätzter und wohlhabender *Cacique,* ein Stammeshäuptling der Baure, eine Volksgruppe aus dem Osten des Beni, und als dessen Enkel fühlte sich Pastor erst recht in der Pflicht, auf die Ausbeutung von Ureinwohnern aufmerksam zu machen. Die beiden Beamten seien hart zu bestrafen, forderte er, den Opfern seien die gestohlenen Güter inklusive Zinsen zurückzuerstatten. Für Pastor erbot sich in der Anklage aber nicht nur die Chance, die finanziellen Schäden zu tilgen, sondern auch die seelischen Wunden zu heilen, die er und seine Liebsten erlitten hatten. Soeben waren er und seine Gattin Eltern einer Tochter geworden, von Cristina, und an sie hatte er ununterbrochen denken müssen während seiner Gefangenschaft. Pastor Oyola Ojopi verlor beinahe den Verstand bei dem Gedanken daran, seine Tochter als Halbwaise zurücklassen zu müssen.

So weit kam es glücklicherweise nicht, denn die beiden Präfekte González Portal und Arano Peredo wurden alsbald von ihren Ämtern entbunden. Die Gerechtigkeit hatte gesiegt. So sah Pastor Oyola Ojopi seine Tochter Cristina über den Lauf der Zeit zu einer schönen jungen Frau heranwachsen. Für eine Baure charakteristisch, hatte sie kräftige Gesichtszüge, pechschwarze Haare und dunkle Augen, und eines Tages sollten diese Augen einen Kautschukhändler erblicken, der sich dem ruhigen und beinahe etwas melancholischen Ausdruck Cristinas nicht entziehen konnte und sich in sie verliebte. Karl Blattmann hieß der Mann, er war Schweizer und seit rund drei Jahren der Geschäftsführer und Bevollmächtigter der Casa Suárez in Cachuela Esperanza, an jenem kleinen Ort, wo im Jahr 1917 schließlich ihr gemeinsamer Sohn das Licht der Welt erblicken sollte. Sie tauften ihn René Carlos, und der Kleine kam ganz nach der Mutter, die Gene der Baure waren nicht von der Hand zu weisen. Renequito, wie er liebevoll genannt wurde, war Cristinas und Karls ganzer Stolz. Sie behüteten ihn mit viel Zuneigung, und wenn sie draußen auf den Feldern von Cachuela Esperanza beschäftigt waren, dann schaute stets eine *Niñera,* ein Kindermädchen, nach ihrem Sohn. In den ersten beiden Jahren nach René Carlos' Geburt war dies ganz üblich.

Dann kam das dritte Jahr. Ein dreijähriges Kind ist natürlich noch viel zu jung, um die Dinge in all ihren Dimensionen bereits verstehen zu können, und dennoch registriert der Verstand mehr, als dies Erwachsene wohl für möglich halten würden. René Carlos musste aufgefallen sein, dass um seinen Vater herum plötzlich ein stets in Weiß gekleideter Mann zugegen war, zuerst in willkürlichen zeitlichen Abständen, bald aber immer regelmäßiger. Dieser Mann besuchte Karl Blattmann meist in dessen Schlafzimmer, was per se ein Kuriosum war, denn für gewöhnlich war er tagsüber bei der Arbeit und hielt sich nicht zu Hause auf, und jedes Mal, wenn der Mann in Weiß kam, nahm Cristina ihren Sohn bei der Hand und ging mit ihm ins Wohnzimmer nebenan. Erste Anzeichen und Symptome von Malaria tauchen üblicherweise ab dem achten Tag nach dem Stich einer infizierten Anopheles-Mücke auf, oft auch erst später. Zuerst mag man das Ganze

oben: Cristina Oyola in Cachuela Esperanza; unten links: Cristina Oyola; unten rechts: Karl Blattmann mit Sohn René Carlos (ca. 1919) für eine normale Grippe halten, man leidet unter Kopfschmerzen, Fieber, Gelenkschmerzen. Verdacht geschöpft wird oft erst, wenn man von Kälte, Zittern, Fieber und Schweißausbrüchen geplagt wird, und zwar in dieser Reihenfolge und in regelmäßigen Zyklen von zwei bis drei Tagen. Ein solcher Rhythmus kann aber auch anders verlaufen oder ganz ausbleiben, weswegen nicht der Fehler begangen werden sollte, dessen Absenz als Indiz für eine Nicht-Infektion zu sehen. Ein weiteres Symptom der Krankheit ist die Beeinträchtigung des Verstands bis hin zu Bewusstseinsstörungen, bei denen der Patient im schlimmsten Fall gar ins Koma fällt. Karl Blattmann blieb dieses Szenario zwar erspart, den Verstand aber, zumindest aus Sicht seiner Nächsten, die sich um ihn kümmerten, schien er dennoch verloren zu haben, als er, geplagt von Fieber und Schüttelfrost, den Entschluss fasste, nach Basel heimzukehren. Mit René Carlos. Ohne Cristina.

———

Im Jahr 1807, knapp 400 Jahre nach dem Prozess gegen Peter von Hagenbach in Breisach, verabschiedete das Parlament Großbritanniens in London ein Gesetz, das auf dem gesamten Territorium des britischen Reichs den Sklavenhandel verbot. Diesem neuen Gesetz, dem *Slave Trade Act,* war die sogenannte Abolitionismus-Bewegung zur Abschaffung der Sklaverei vorausgegangen, die im Verlaufe des Zeitalters der Aufklärung immer mehr Zuwachs verzeichnen konnte und von Vertretern der evangelischen Kirche unterstützt wurde. Für viele von ihnen war der internationale Handel mit Menschen nicht weiter vereinbar mit ihren ethischen und religiösen Überzeugungen. Hinzu kam, dass sich Großbritannien zu jener Zeit in einem ziemlich erfolglosen Krieg gegen die Franzosen befand. Deren Kaiser Napoleon Bonaparte hatte nach der französischen Revolution von 1789 bis 1799 den Sklavenhandel in seinen Überseekolonien wieder legalisiert, und so sollte die Einführung des Abschaffungsgesetzes der Briten auch die Botschaft an ihn und die Welt senden, dem Gegner zumindest moralisch überlegen zu sein. In London war man sich allerdings durchaus bewusst, dass der illegale Sklavenhandel weiterhin florieren und nicht halt vor einer neuen Gesetzgebung machen würde. Um dem entgegenzuwirken, unterzeichnete die britische Regierung im Laufe der Jahre mehrere Bilateralverträge mit den am meisten in den Sklavenhandel involvierten Kolonialmächten, in erster Linie mit den Königreichen Portugal, Spanien und den Niederlanden. Die Verträge beschlossen die Gründungen von sogenannten *Mixed Commission Courts,* von permanenten Strafgerichten, die sich in den Kolonien auf dem amerikanischen Kontinent befinden würden, dort, wohin Millionen von afrikanischen Frauen, Männern und Kindern auf Schiffen verschleppt wurden. In Rio de Janeiro, in Havanna oder in Surinam konnten nun, unter Verwaltung der einzelnen Königreiche, deren Entführer zur Verantwortung gezogen werden. Insgesamt wurden so rund 600 Fälle von Sklavenhandel untersucht, mindestens 80 000 Afrikaner, die auf unrechtmäßigen Sklavenschiffen gefangen gehalten wurden, erlangten ihre Freiheit zurück, die Kapitäne und Besatzungen von etlichen gekaperten und in Häfen festgehaltenen Schiffen hatten vor Gericht zu erscheinen. Auf dem Heimatkontinent der Sklaven, in Sierra Leone oder in Kapstadt, errichtete das britische Königreich ebenfalls eigene Tribunale. Später traten auch

Bolivien, das damals noch über einen Zugang zum Pazifik verfügte, und die Vereinigten Staaten der Koalition bei, nachdem sich Letztere anfänglich geweigert hatten, die bilateralen Verträge zu unterzeichnen.

War das Gesetz von den Kolonialmächten während Jahrhunderten, bis zum Inkrafttreten des *Slave Trade Acts* und ähnlichen Beschlüssen, immer wieder missbraucht worden, um den Menschenhandel zu legalisieren und zu rechtfertigen, so signalisierten die internationalen Antisklaverei-Gerichtshöfe entlang des Atlantiks den Beginn eines deutlichen Sinneswandels und einen weiteren denkwürdigen Meilenstein in der Entwicklung des Völkerrechts. Sie waren die allerersten Prozesse, denen Verträge zwischen zwei oder mehreren souveränen Staaten zugrunde lagen und die internationales Recht anwendeten. Dadurch ebneten sie den Weg für spätere internationale Gerichtsverhandlungen, konkret für jene nach dem Zweiten Weltkrieg. Dass die Prozesse den Sklavenhandel ahndeten, eines der größten Verbrechen gegen die Menschheit, macht sie rückblickend zu den erfolgreichsten zwischenstaatlichen Gerichtsprozessen in Bezug auf Menschenrechte.

Er stand auf dem Deck der »MS Vulcania«, jenes Schiffes, das ihn nach Buenos Aires bringen würde. Es war spätabends, rund um ihn herum war es stockfinster, einzig die Reling vor ihm war zu erkennen sowie das weiß schäumende Meerwasser rund zwei Dutzend Meter unter ihm, das schwach beleuchtet wurde von ein paar Sternen, die vom Himmel herabstrahlten und ihn zu begleiten schienen. Das Schiff befand sich vor der

Küste Spaniens. Demnächst würde es in die Straße von Gibraltar einbiegen, ehe es die Weiten des Atlantiks auf sich nahm.

Drei Jahre zuvor hatte der 20-jährige René Carlos eines Abends, er war gerade vom Handballtraining zurückgekehrt, seinen Vater leblos in dessen Bett vorgefunden. Nach fast zwei Jahrzehnten des Leidens war Karl Blattmann 1937 der Malaria erlegen, daheim in Basel. René Carlos war während all der Jahre nie von seiner Seite gewichen. Er hatte sich um die Einkäufe, um die Arztkonsultationen und um alle anderen Angelegenheiten gekümmert, als sein Vater keine Kraft mehr dazu hatte und aufgrund seiner nahezu vollständigen Erblindung nicht mehr zum Lesen und Schreiben imstande war. René Carlos hatte sich um ihn gesorgt, so gut es nur ging, während er selbst sein eigenes Leben zu meistern hatte, die Schule besuchte, sich einen Freundeskreis aufbaute, im Sportverein aktiv war, Handball spielte, Pubertät und Adoleszenz durchlebte, erwachsen wurde. Ganz ohne seine Mutter Cristina. War er, als sein Vater starb, offiziell zu einer Halbwaise geworden, so war er das irgendwie schon seit seinem dritten Lebensjahr, als er sie das letzte Mal in Bolivien gesehen hatte. Seither hatte er keinen Kontakt mit ihr, er wusste nicht, ob sie wieder geheiratet und weitere Kinder bekommen hatte, wie sie lebte, oder wo sie lebte. Ob sie überhaupt noch lebte. Diese Fragen stellte sich René Carlos immer wieder, und manchmal stellte er sie auch Karl, dessen vage, ausweichende Antworten allerdings nur noch mehr Fragen aufwarfen. Also beließ er es meist dabei und hakte nicht weiter nach. Stattdessen kümmerte er sich um seinen Vater, besuchte die Schule, spielte Handball, traf seine Freun-

René Carlos im Alter von 22 Jahren, 1939

de, und als der Vater starb, ging mit ihm die letzte Chance, etwas über seine Mutter zu erfahren. So verbrachte René Carlos auch die darauffolgenden Jahre in Basel. Schule, Handball, Freunde. Die Fragen aber blieben.

Je stärker ihn das Fernweh geplagt hatte, die Sehnsucht nach der Mutter und das Verlangen nach Antworten und Klarheit, desto deutlicher war in René Carlos der Entschluss gereift, Basel hinter sich zu lassen und an jenen Ort zurückzukehren, über den er die letzten 20 Jahre ständig sinnierte, an jenen Ort, der so weit weg schien und doch stets präsent war, der ihm kaum eine Erinnerung hinterließ und ihn als Menschen trotzdem zeichnete, im wahrsten Sinne des Wortes. Wenn er durch die Straßen Basels ging, fiel ihm immer wieder auf, wie er von Passanten merkwürdig angeschaut wurde oder die große Augen machten, sobald sie ihn in fließendem Baslerdialekt reden hörten. Er war zwar ein Blattmann, aber eben auch ein Baure, ein Indigener, und diesen dunklen Teint, die schwarzen Haare, die buschigen Augenbrauen, das alles kannte man in der Schweiz so nicht. Als er 1940 seine Heimatstadt verließ, fragte er sich, ob ihm im tropischen Norden Boliviens dasselbe widerfahren würde, ob sie ihn für einen Fremden halten würden oder aber für einen von ihnen.

Nach zwölf Tagen an Bord der »MS Vulcania« erreichte René Carlos den Hafen von Buenos Aires und setzte seine Reise per Bus nach Cachuela Esperanza fort, seinen Geburtsort, und als er ankam, begriff er schnell, dass Ersteres der Fall war. Seine Kleidung unterschied sich zwar nicht allzu sehr von jener der Angestellten der Casa Suárez, die, trotz ihrer offensichtlichen Vorliebe für die

Farbe Weiß, den Stil ihrer Väter aus Europa größtenteils konserviert hatten und dadurch einen deutlichen Kontrast bildeten zu den traditionellen Kleidungsstücken der indigenen Bevölkerung. Was den jungen Mann aber definitiv als Fremden entlarvte, war sein Spanisch, das er mit schweizerdeutschem Akzent sprach, denn praktizieren konnte er die Sprache fast ausschließlich mit seinem Vater, und dieser hatte sie selbst erst in seinen Zwanzigern erlernt. So lauschten die Menschen in der Casa Suárez ganz gespannt seinen Worten, um zu erfahren, woher der junge Fremde kam und dass dieser auf der Suche nach seiner Mutter war. Die älteren unter ihnen mochten sich noch an Karl Blattmann erinnern, der einst ihr Chef gewesen war, andere stammten, wie René Carlos selbst, von schweizerischen und deutschen Übersiedlern ab und waren zu jung, um seinen Vater gekannt zu haben. Die Angestellten der Casa Suárez erzählten ihm Geschichten aus der alten Heimat, die schon ihre Väter erzählt hatten, wobei manch einer die Gunst der Stunde nutzte, um seine eingerosteten Deutschkenntnisse aufzupolieren. Die Menschen in Cachuela Esperanza waren äußerst gastfreundlich, sie kochten für ihn, sie lehrten ihn das Fischen im Río Beni, sie erklärten ihm den Kautschukhandel. Sie halfen ihm, wo sie konnten. Schnell schlossen sie René Carlos in ihre Herzen. Und nur zu gerne hätten sie ihm eine Antwort gegeben auf diese eine Frage, die er ihnen stellte.

Es war nicht so, dass sein Wunsch, Mutter Cristina endlich ausfindig zu machen, jemals nachgelassen hätte. Und doch verspürte René Carlos über die nächsten Wochen hinweg auch eine gewisse Resignation. Mit jedem Tag, der verging, ohne einen brauchbaren Hinweis erhalten zu haben, befiel ihn mehr und mehr die Überzeugung, seine Zeit zu verschwenden, am falschen Ort zu suchen und für die Menschen in der Casa Suárez langsam, aber sicher eine Bürde in deren Alltag zu werden. So entschied er, seinen neu gewonnenen Freunden mitzuteilen, dass er sie am übernächsten Morgen bei Sonnenaufgang wieder verlassen und in Richtung Süden weiterziehen würde. Dies würde ihm genug Zeit geben, sich von diesen wundervollen Menschen, die er ebenfalls in sein Herz geschlossen hatte, gebührend zu verabschieden. Vor allem aber wollte er noch ein paar letzte Stunden an jenem Ort verbringen, an dem er geboren wurde, dort, wo ihm seine Mutter das Leben gab und wo er sie das letzte Mal gesehen hatte. Cachuela Esperanza, diese winzige Siedlung inmitten des gewaltigen, bedrückenden Dschungels im Tiefland Boliviens, die Heimat weißer Gestalten, widerlicher Mücken und weinender Bäume.

Nach Tagen mehr oder weniger ziellosen Herumreisens kam er schließlich in La Paz an, und hier traf ihn der Schlag. Die Luft war so dünn und trocken, wie sie im Norden des Landes feucht war, denn die Stadt liegt in den Anden im Westen des Landes, auf 3600 Metern über Meer, was sie zum höchstgelegenen Regierungssitz der Welt macht. Der bissige Wind ließ seine Augen tränen, der graue, vernebelte Himmel schlug auf sein Gemüt. Die vier Spitzen des Illimani, des Hausbergs von La Paz, waren mit Schnee bedeckt, was ihn für einen kurzen Moment in die Schweiz zurückversetzte. Die Menschenmasse war eher mit der Anzahl Moskitos in Cachuela Esperanza als mit jener der Einwohner dort zu vergleichen, und zusammen sorgten die *Paceños,* wie die Einheimischen genannt werden, für einen Lärm, der jede Straßenecke und jede Plaza erfüllte.

René Carlos war überfordert. Nach einer langen Reise wollte er eigentlich seine Ruhe haben. Der Höhenanstieg hatte seine Lungen strapaziert, was ihn müde machte. Sein Atem war kurz, und als er sie an einer Straßenecke stehend erblickte, setzte er für einen kleinen Augenblick ganz aus.

Mit einem Bleistift gegen das Böse

Ein weiterer Meilenstein für das Völkerrecht waren die 13 Nürnberger Prozesse nach dem Ende des Zweiten Weltkriegs, die zwischen November 1945 und April 1949 stattfanden. Die vier alliierten Siegermächte Frankreich, Großbritannien, die Sowjetunion sowie die Vereinigten Staaten hatten noch vor dem Fall des Deutschen Reichs beschlossen, die überlebenden Nationalsozialisten vor Gericht zu stellen. Als der Krieg in Europa vorbei und Berlin befreit war, trafen sie sich in London und hielten bisher nur teils oder gar nicht definierte Strafnormen des Völkerrechts in einem Vertrag fest.

Basierend auf diesem sogenannten Londoner Statut installierten sie eigens für den Prozess in Nürnberg den Internationalen Militärgerichtshof, der allererste seiner Art und ein wichtiger Vorreiter des heutigen Internationalen Strafgerichtshofs in Den Haag, Niederlande. So sollte der Nürnberger Prozess die Geburtsstunde des Völkerstrafrechts markieren und letzten Endes, rund ein Jahr nach Verhandlungsbeginn, hochrangige Mitglieder in Hitlers Kriegsapparat zu langjährigen Haftstrafen bis hin zum Tode verurteilen. Unter ihnen befanden sich Hermann Göring, die Nummer zwei in der Rangfolge der NSDAP nach dem Führer, und Ernst Kaltenbrunner, der Chef der Sicherheitspolizei und des Geheimdienstes. In den darauffolgenden drei Jahren fanden insgesamt zwölf weitere Prozesse statt, ebenfalls in Nürnberg, allerdings nicht mehr vor einem internationalen, sondern vor einem rein US-amerikanischen Militärgericht, da der Kalte Krieg langsam, aber sicher Formen annahm und sich die Fronten zwischen den Vereinigten Staaten und der UdSSR verhärteten. Hatten die acht Richter, pro Alliiertennation zwei, im ersten Prozess Schuldsprüche gegen 24 Nationalsozialisten ausgesprochen, so wurden im Zuge dieser sogenannten Nachfolgeprozesse rund 150 Regierungsmitglieder, Großindustrielle, Bankiers und Ärzte verurteilt. Es hätten auch mehr sein können, doch viele deutsche Kriegsverbrecher waren vor oder während der Prozesse gestorben, begingen Suizid oder flüchteten ins Exil. Vorwiegend nach Südamerika.

Wenige Jahre zuvor, der Zweite Weltkrieg war noch in vollem Gange, hatte René Carlos Blattmann auf der anderen Seite des Atlantiks, in Bolivien, die Mutter gefunden. Nicht die seine, aber die seiner zukünftigen

Kinder. Sofort war sie ihm nach seiner Ankunft in La Paz aufgefallen, ihre helle Haut ließ europäische Wurzeln erahnen. Alicia Bauer Anaya hieß die junge Dame, sie stammte aus Cochabamba, einer fruchtbaren Gegend südöstlich von La Paz, und wie René Carlos bald erfahren sollte, war sie die Tochter einer Bolivianerin und eines Schweizers, so wie er. Das konnte kein Zufall sein. Ehe er sich versah, wohnten Alicia und er in Sopocachi, einem Stadtviertel der Künstler und Intellektuellen unweit des Zentrums von La Paz, in einem Haus an der Gregorio Reynolds, gleich neben der Plaza España. Hier baute sich René Carlos eine eigene Handelsfirma auf, die Schweizer Unternehmen, darunter die Swissair, in Bolivien vertrat, und als er eines Tages von der Arbeit nach Hause kam, sagte ihm Alicia, dass sie schwanger sei. Am 28. Januar 1948, einem Mittwoch, erblickt René Oswaldo Blattmann Bauer in La Paz das Licht der Welt. Vier Jahre später startet die sozialdemokratische Partei *Movimiento Nacionalista Revolucionario,* kurz *MNR,* eine landesweite Revolution. Bis heute gilt diese als eine der wichtigsten und einflussreichsten in Lateinamerikas Historie.

Im Zuhause in Sopocachi redet die Familie Blattmann Spanisch, Hochdeutsch lernt René erst am *Colegio Alemán,* an der Deutschen Schule, die er ab dem Kindergarten besucht. Aufgrund seines Nachnamens halten ihn die Lehrpersonen für einen Deutschsprachigen, zu Beginn des Schuljahres teilen sie die Schülerschaft in zwei Gruppen auf, eine für diejenigen Kinder mit Deutsch als Muttersprache, die andere für die Spanischsprechenden. Sie lesen die Namen von der Liste runter, und prompt landet René in der ersten Gruppe. Er findet das gar nicht witzig. Ansonsten kann er sich nicht beschweren, er wächst behütet auf, um ihn herum seine Geschwister Carlos und Verena, seine Cousins und seine Lieblingstante Tía Margarita, der Ozelot, der Tukan und die verschiedenen Hunde, die im Garten hinter dem Familienhaus leben. René ist ein neugieriger, wissensdurstiger Bursche, Fernseher gibt es noch nicht, und so verschlingt er mit einer Nachttischlampe nachts unter der Bettdecke massenweise Bücher und setzt so beinahe sein Bett in Flammen. Zweifelsohne ist die lateinamerikanische Literatur seine liebste, die zu jener Zeit, durch den *Realismo mágico,* einen internationalen Boom erlebt. Bereits in jungen Jahren sind seine großen Helden César Vallejo, Julio Cortázar, Jorge Luis Borges und natürlich der Kolumbianer Gabriel García Márquez. Mutter Alicia erklärt René Jahre später, als er bereits erwachsen ist, das wolle sie alles lieber nicht lesen, das sei ja praktisch die eigene Familiengeschichte, jene der Familie Buendía in »Hundert Jahre Einsamkeit«. In den freien Stunden, die er nicht mit Büchern unter der Bettdecke verbringt, hält René sich draußen auf, seine besten Freunde Enrique und Juan Cristóbal wie auch andere Kollegen wohnen im selben Viertel, sie spielen zusammen, üben Zaubertricks, besuchen die Pfadfinder, verdienen ihr erstes Taschengeld mit einem eigenen Kasperletheater. An den Wochenenden treten sie damit an Kindergeburtstagspartys auf und erlangen lokale Bekanntheit, doch die beliebten Kinder, die auf alle Partys eingeladen werden, erlauben sich den Scherz, die Pointen, die sie mittlerweile auswendig kennen, vor ganzem Publikum frühzeitig hinauszuposaunen. Als dann auch noch die selbst gebastelten Puppen von Renés Deutsch Drahthaar im Garten verbuddelt werden, ist sein erster Versuch als Unternehmer definitiv gescheitert.

links: René mit Ozelot im Garten des Familienhauses; rechts: René mit Enrique (links)

Den gemeinsamen Abenteuern mit Enrique und Juan Cristóbal sollte dies aber nichts zur Sache tun. Einzig mit einem Rucksack beladen, trampen die drei während der Schulferien einen Monat lang quer durch Bolivien, und überall schauen ihnen die Menschen verblüfft hinterher, sie haben noch nie irgendwelche Rucksacktouristen gesehen und wundern sich, weshalb sie sich just in diese Ecke der Welt verirrt haben. Die kleinen Kinder auf den Straßen hingegen haben ihre helle Freude an den Fremden und rennen ihnen stets hinterher, und machen diese in einem Dorf halt, so führen sie den Einheimischen ein Theaterstück vor oder spielen Straßenmusik, um sich ein wenig Reisegeld dazuverdienen zu können. Als das Trio an einem Dezembertag in Santa Cruz de la Sierra ankommt, einer Großstadt im Zentrum des Landes, begegnet es einem Bauern, der ein Rehkitz zum Verkauf anbietet. René weiß sofort, dass er das ideale Weihnachtsgeschenk für Mama Alicia gefunden hat. Er kauft das Rehlein, das während der zweitägigen Busreise zurück nach La Paz stets auf seinem Schoß sitzt, und bringt es die paar Tage bis Weihnachten in Enriques Schlafzimmer unter. Schließlich soll es eine Überraschung werden. Als er am Morgen des Heiligabends das Rehlein abholen geht, warnt ihn Enrique bereits, dieses Tier esse alles, was ihm in die Quere komme, in der Nacht sei er fast erfroren, weil es seine Bettdecke gefressen hat. René ahnt schon, dass Unheil drohen würde. Hätte er seiner Mutter doch nur Rosen gekauft, ihre Lieblingsblume. Von denen hat Alicia Dutzende im Garten, und natürlich werden diese, sehr zu ihrem Leidwesen, allesamt vom Rehlein gefressen.

Wenn eine der größten Sorgen eines bolivianischen Kindes ist, dass es seinen Eltern das falsche Weihnachtsgeschenk besorgt hat, dann haben diese grundsätzlich schon mal vieles richtig gemacht. Ja, alles in allem erlebt René eine glückliche Kindheit. So mag die Tatsache, unter einer totalitären Regierungspartei wie der *Movimiento Nacionalista Revolucionario* aufzuwachsen, für ein Kind ziemlich irrelevant anmuten. Alles scheint in Ordnung, Blattmanns leben frei von Sorgen und Kummer. Was für René zählt, sind die Familie, die Freunde, die Spielnachmittage, die Lieblingsbücher. Er ist noch zu jung, um zu merken, geschweige denn zu verstehen, wie banale Alltagsentscheidungen letztendlich von all dem, was man über das Regime weiß oder gehört hat, beeinflusst werden. Wie sich die linkssozialistische, antiimperialistische Ideologie der *MNR* wie ein Schleier über das Leben des einzelnen Bürgers legt, dieses prägt und diktiert. Wie gewisse Aspekte des Seins und des Handelns nicht dieselben wären, stünde eine andere Partei an der Macht oder wäre diese weniger repressiv. Später ändert sich dieses Bewusstsein bei René. Wenn man aus der Kindheit herauswächst, wenn die Pubertät beginnt, soziale Kontakte bewusster geknüpft werden, das Interesse am Weltgeschehen steigt und Wertvorstellungen ausreifen, machen bestimmte Entscheidungen und Verhaltensweisen der Erwachsenen plötzlich mehr Sinn. René lernt am Gymnasium an der Deutschen Schule schnell, mit welchen Mitschülern er sich anfreunden kann und mit welchen eher nicht. Um die Söhne und Töchter von Parteimitgliedern macht er lieber einen Bogen, um nicht selbst in den Strudel der *MNR* hineingezogen und als Verbündeter hingestellt zu werden. Gleichzeitig begreift er nun, weshalb seine Eltern, obschon sie nicht politisch aktiv sind, zittern, wenn mitten in der Nacht an die Tür gepoltert wird, fünf bewaffnete Milizen eintreten und das Haus durchsuchen. Weil der Verdacht, Komplize eines Parteigegners zu sein, reichen kann, um Hab und Gut zu verlieren. Weil politische Gegner erst recht alles verlieren und ins Gefängnis oder gar in Konzentrationslager gesteckt werden, wo sie psychische, aber auch physische Zermürbung erleiden. Jedes Mal, wenn René den patrouillierenden Milizen auf der Straße begegnet, wird er daran erinnert, wie die *Movimiento Nacionalista Revolucionario* ein de facto Ein-Parteien-System, eine Diktatur, erschaffen hat und dieses mit aller Härte verteidigt.

Dass der Sinn und Zweck ihrer Revolution im Jahr 1952 war, die bolivianische Gesellschaft zu verbessern, tönt in Anbetracht dessen erst einmal widersprüchlich. Es passt aber zur komplexen, von Gegensätzlichkeiten geprägten Geschichte dieses Kontinents, auf dem sich das Gute und das Böse die Hand geben, sich heillos ineinander verkeilen und man sie als Außenstehender kaum noch auseinanderhalten kann, bis schließlich die Gewissheit eintrifft, dass der Unterschied zwischen Gut und Böse einzig und allein im Auge des Betrachters liegt. Die *MNR* und ihr Gründer Víctor Paz Estenssoro verfolgten das Ziel, den etlichen Militärdiktaturen, die das politische System Boliviens während der ersten Hälfte des Jahrhunderts allmählich ausgemergelt hatten, die Stirn zu bieten. Die Devise lautete, nach den fast jährlich wechselnden Präsidentschaften Ruhe und Struktur in das Land einkehren zu lassen, auch wenn es für die eigene Machtergreifung nochmals einen Putsch brauchte und man dafür mit abtrünnigen Generälen kooperierte. Die bisher stark vernachlässigte Unterschicht, die Bauern, die Minenarbeiter und die Tagelöhner, vor allem aber die Indigenen, die Aymara, die Quechua oder die Guaraní, sie alle sollten nicht länger die Leidtragenden der Politik sein. Ihre Stellung innerhalb der Gesellschaft sollte gestärkt und ihnen mehr Rechte zugesprochen werden. Während seiner ersten Präsidentschaft von 1952 bis 1956 war dies Paz Estenssoros größtes Anliegen. So wurde das universelle Wahlrecht eingeführt, die privaten Zinnminen wurden verstaatlicht, den Großgrundbesitzern ihre Ländereien abgenommen und umverteilt. Paz Estenssoro setzte umfassende Land-, Bildungs- und Agrarreformen durch, die Armee wurde dezimiert, die Milizen auf dem Land offiziell anerkannt und mit militärischen Aufgaben betraut. Je nach Sichtweise war das die viel zitierte Gerechtigkeit für alle. Jahrzehnte später sollte die *MNR* auch für René einen Plan haben.

Vorher wird die Partei aber von der Geschichte des eigenen Lands eingeholt, die sie mit allen Mitteln in andere Bahnen zu lenken versucht hatte. Trotz eines verfassungstechnischen Unterbruchs seiner Präsidentschaft zwischen 1956 und 1960 ist Víctor Paz Estenssoro während zwölf Jahren der unumstrittene Revolutionsführer, und allmählich macht sich bemerkbar, wie er an Hochmut und Selbstüberschätzung leidet, an Charakterzügen, die ihm unweigerlich zum Verhängnis werden sollten. Sich nach noch mehr Ruhm und Erfolg sehnend, muss Paz Estenssoro von einem Hochgefühl ergriffen worden sein, als er beschließt, die Gesetze so zu modifizieren, dass er 1964 als Präsident wiedergewählt werden kann. Verfassungsgemäß ist eine zweite konsekutive Amtszeit gar nicht möglich, doch Paz Estenssoro strebt nun genau das an. Er sieht außer sich niemanden in der Lage, die mittlerweile immer stärker zerstrittene *MNR* weiterhin zu führen, sehr zum Ärgernis anderer politischer Eliten, die ebenfalls Machtansprüche erheben. Drei Monate nach seiner Wiederwahl, die er gar nicht verlieren konnte, da alle anderen Kandidaten die Wahl boykottierten, findet seine Herrschaft trotzdem einen Schlusspunkt, und es mag die Ironie des Schicksals sein, dass just ein Militärputsch, der aus den eigenen Reihen orchestriert wird, sein Ende einläutet. Der bisherige Vizepräsident, General René Barrientos Ortuño, sein vermeintlicher Verbündeter, stürzt ihn am 4. November 1964 mithilfe seiner Soldaten, die er als Kommandeur der Luftwaffe befiehlt. In einem gewaltvollen Staatsstreich reißt Barrientos die Macht an sich. Víctor Paz Estenssoros Höhenflug endet abrupt mit der Flucht ins Exil in Peru.

Wenn jedoch Barrientos fliegt, dann landet er auf den Füßen. Im Rahmen einer Militärshow ließ er einst 15 Fallschirmjäger aus einem Kampfjet springen, drei davon starben, weil sich die Fallschirme nicht öffneten. Schnell wurde Kritik laut, die Ausrüstung der Armee sei fehlerhaft, doch der Kommandeur ließ das nicht auf sich sitzen. Er trommelte die Presse zusammen, stieg mit einem der drei besagten Fallschirme ins Flugzeug, sprang raus, der Fallschirm öffnete sich, General Barrientos landete vor versammelter Meute mit einem Schulterzucken. Die drei Soldaten hatten eben Pech gehabt. Diese Aktion machte ihn zum ersten Mal landesweit bekannt und brachte ihm den Respekt verschiedener politischer Kreise ein.

Als neuer Staatspräsident gewinnt Barrientos dann auch bei der indigenen Bevölkerung Sympathien. Eines der obersten Gebote der *MNR,* die Menschen in den ärmlichen Gegenden verstärkt in die Gesellschaft zu integrieren, verfolgt er weiterhin, er, der die Sprache der Quechua selbst fließend beherrscht. Barrientos gründet das *Programa de alfabetización rural,* das vorsieht, dass die indigenen Völker, die seit jeher meist abgeschieden in ihren eigenen Dörfern leben, das Lesen und Schreiben erlernen. Als Lehrpersonen fungieren dabei 16- bis 17-jährige Knaben, und zwar im Rahmen des ebenfalls neu gegründeten, obligatorischen *Servicio premilitar.* Dieser vormilitärische Dienst ist nicht mit dem eigentlichen Armeedienst zu verwechseln, für den dann vor allem volljährige Landbewohner eingezogen werden, während sich die Jungen aus den Städten davor drücken können. Zumindest für drei Monate sollen nun aber auch ihnen militärische Grundkenntnisse gelehrt und sie mit einem Dienst für die Gemeinschaft beauftragt werden. So ist René rund zwei Autostunden südlich vom trauten Heim stationiert, in der *Comunidad* eines Aymara-Stamms, in Patarani, gemeinsam mit seinem besten Freund Enrique. Die Aymara, wer kann es ihnen verübeln, hegen ihnen gegenüber anfänglich Skepsis, es dauert eine gewisse Zeit, bis es gelingt, deren Vertrauen zu gewinnen. Letzten Endes hat sich aber eine schöne Beziehung entwickelt zwischen den beiden Gruppen, die auf demselben Staatsterritorium leben und trotzdem in zwei komplett verschiedenen Welten. Es ist ein Geben und Nehmen, René bringt den Aymara Spanisch bei und erlernt gleichzeitig die Grundlagen ihrer eigenen Sprache.

Was René während seiner Zeit im *Servicio premilitar* aber am aufregendsten findet, ist seine Uniform. Sie ist brandneu und unterscheidet sich deutlich von jener der richtigen Armeeangehörigen, die offensichtlich noch nicht darüber informiert wurden und verwirrt sind über diese vermeintlich ausländischen Soldaten, die plötzlich umherlaufen. Dem Barett auf den Köpfen nach müssen es wohl Israelis sein, und weil sie es nicht besser wissen, gehen sie auf Nummer sicher. René geht eines Tages in seiner Uniform am Präsidentenpalast in La Paz vorbei und bemerkt, wie die Soldaten am Eingangstor plötzlich strammstehen und zackig den Militärgruß machen. Ein 16-jähriger Bursche lässt sich da natürlich nicht lumpen, erst recht nicht, wenn man die Mädchen beeindrucken will. Ganz nahe an den grüßenden Wachen vorbei, laufen René und seine Kameraden die Plaza vor dem Eingangstor rauf und runter.

Er ist nun an Bord jenes Flugzeugs, das ihn nach Buenos Aires bringt. Es ist schon spät, die Maschine ist soeben gestartet, draußen wird es immer dunkler. Von seinem Fensterplatz aus sieht er die Hochhäuser in der Finsternis verschwinden. Das Lichtermeer von La Paz erlischt langsam, aber sicher, als würde jemand dort unten von Haus zu Haus gehen und die Stecker ziehen. Wann er seine Stadt wohl wiedersehen wird? Bevor er in der Früh landet, will er sich ausruhen, doch die Anspannung hält ihn wach. Er fragt sich, was ihn auf der anderen Seite des großen Teichs erwarten wird.

In Dakar muss er einen weiteren Zwischenstopp einlegen, dann landet René in Basel, der Heimat seines

Großvaters. Hier an der Universität hat er sich eingeschrieben, auf Rat seiner Eltern, die, wie manch andere Bolivianer, erkannt haben, dass die eigenen Universitäten im internationalen Vergleich klar abfallen. Das bolivianische Hochschulsystem kann weder eine erstklassige Bildung noch Aussichten auf gut bezahlte Jobs garantieren. Niemand, der mit einem Studium beginnt, weiß, wie lange es bis zum Abschluss dauern wird, denn gibt es einen Militärputsch, bleiben die Schulen im Lande erst mal geschlossen, bis eine gewisse Ruhe einkehrt. Man ist fast schon gewillt, das Wort »Überlebenschancen« in den Mund zu nehmen, wenn man davon spricht, wie die Tochter oder der Sohn das Land verlässt, um sich im Ausland weiterzubilden. René ergeht es da nicht anders, und so entscheidet er sich nach dem Abitur 1967, in Basel Rechtswissenschaften zu studieren. Seine Kindheit und Jugend unter dem Regime der *MNR* haben ihn ungemein sensibilisiert für Fragen über Moral und Ethik, sie haben seinen Gerechtigkeitssinn geschärft. Das Regime hat ihn herausgefordert, sich mit den grundlegendsten Fragen auseinanderzusetzen. Was genau ist Gerechtigkeit? Gibt es *die* Gerechtigkeit überhaupt? Und wenn ja, wird man sie jemals erreichen können? Der angehende Student hat viel Leid gesehen und miterlebt, viele Missstände, viel Intoleranz, oft durch die Partei unter dem Deckmantel des Gemeinwohls verübt. Er hat verschiedenste Arten von Politikern erlebt, Bürolisten, Hardliner, Volksnahe, doch eines haben sie fast immer gemeinsam: Dass sie regelmäßig außerhalb des Rechts handeln und dieses zu ihren eigenen Gunsten beugen, ohne dafür Konsequenzen befürchten zu müssen. René will wissen, wie all dies geschehen kann, was anders laufen könnte. Er will wissen, was er einst besser machen kann.

»René, was war das Erste, das dir in der Schweiz aufgefallen ist?«
»Das ist einfach. Picasso!«

In Basel angekommen, bezieht er ein Zimmer in einem Studentenheim in der Mittleren Straße 33 in unmittelbarer Nähe der Universität, und sogleich wird ihm vor Augen geführt, wie direkte Demokratie in seinem neuen Zuhause gelebt wird. Die Basler Billigfluggesellschaft Globe Air geht im Herbst 1967 nach Jahren grober Misswirtschaft in Konkurs, und weil deren Hauptaktionär Peter Staechelin, der Sohn eines renommierten Kunstsammlers, den Forderungen seiner Gläubiger nicht mehr nachkommen kann, sieht sich dieser gezwungen, mehrere von seinem Vater geerbte Gemälde zu veräußern, darunter zwei Bilder des andalusischen Jahrhundertmalers Pablo Picasso. »Les deux frères« und »Arlequin assis« hängen als Leihgaben bereits im Basler Kunstmuseum, und damit dies auch weiterhin so bleibt und sie nicht in die Hände interessierter Kunsthändler aus den USA gelangen, ist die Stadt Basel gewillt, dem Aktionär die Kunstwerke für 8,4 Millionen Schweizer Franken abzukaufen. Nun entsteht am Rheinknie ein wahres Picasso-Fieber, René nimmt in der Stadt eine förmliche Euphorie wahr. Er erlebt hautnah mit, wie die kunstaffinen Baslerinnen und Basler auf verschiedenste Weisen Geld sammeln, um die Stadt zu unterstützen, es werden Suppenessen organisiert oder alte Waren auf Flohmärkten verkauft, es werden mit viel Hingabe große Werbeplakate gemalt, die von den Hausfassaden hängen und auf denen »All you need is Pablo« steht. Nebst dem Volk ziehen auch die Pharma-Konzerne mit, und so kommen schließlich rund zweieinhalb Millionen Franken zusammen. Die restlichen

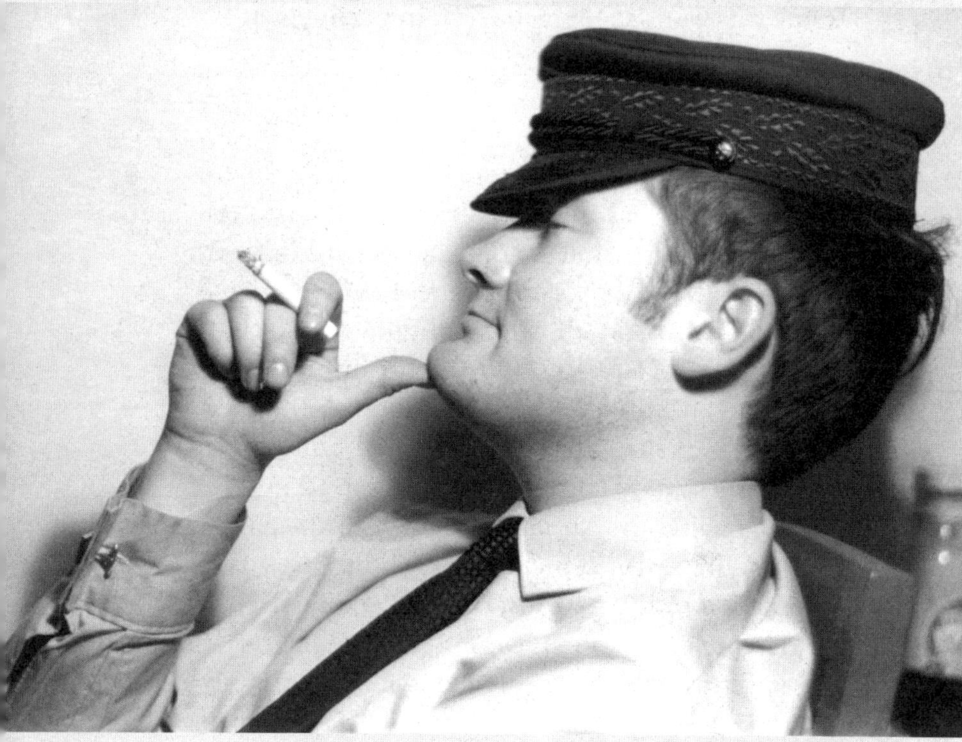

oben: René, Student in Basel; unten: Reise von der Schweiz nach Bolivien während oder nach des Studiums sechs, die sollten nun mit Geldern aus der öffentlichen Hand gedeckt werden. Ein Gläubiger der Globe Air, der sein investiertes Geld bereits verloren hat, ergreift dagegen das Referendum, und so muss schließlich das Stimmvolk über den Kauf der zwei Picasso-Bilder entscheiden. Wieder wird reichlich Werbung gemacht, wieder hängen von den Beatles inspirierte Plakate an den Wänden. Es sollte sich lohnen: 54,2 Prozent der Stimmbürger sprechen sich für den Kauf der beiden Gemälde aus, »Les deux frères« und »Arlequin assis« bleiben tatsächlich im Kunstmuseum. Der mittlerweile 86-jährige Pablo Picasso selbst ist darüber derart erfreut, dass er dem Museum gleich vier weitere seiner Kunstwerke vermacht, und so befindet sich dort bis heute eine der bedeutendsten Picasso-Sammlungen der Welt. Obschon das Ende der Globe Air ein dunkles Kapitel in der Geschichte der Schweizer Luftfahrtbranche darstellt, ist René schwer beeindruckt von den Solidaritätsaktionen der Basler Bevölkerung. Vor allem der Enthusiasmus der vielen Jugendlichen imponiert ihm. Dass sie auf politischer Ebene derart viel bewirken können, hätte er kaum je für möglich gehalten. In Bolivien jedenfalls existieren derlei Möglichkeiten schlichtweg nicht. Von den finanziellen ganz zu schweigen.

Ja, in der Schweiz ist vieles ganz anders, als René sich das aus der Heimat gewohnt ist. Auch die Sprache ist eine andere, und natürlich macht ihm diese gleich von Beginn weg zu schaffen. Er glaubt, die Dozierenden halten die Vorlesung auf Schweizerdeutsch, bis er allmählich begreift, dass es Hochdeutsch mit Schweizer Akzent ist. Verstehen tut er es immerhin, im Gegensatz zum Basler Dialekt, der so gar nicht klingt wie das

Deutsch, das er in La Paz auf der Deutschen Schule erlernt hat. Der obligate Lateinunterricht an der Universität bereitet ihm da schon weniger Mühe, dank seiner Muttersprache hat er einen großen Vorteil gegenüber seinen Schweizer Kommilitonen, und der Professor ist begeistert von seiner lateinischen Aussprache. Alles in allem gefällt René das Studium ungemein. Einer seiner Dozenten ist Günter Stratenwerth, der Strafrecht und Rechtsphilosophie unterrichtet. Es gibt wohl keinen anderen Rechtswissenschaftler, der die Rechtsprechung in der Schweiz derart geprägt hat wie er, in den Urteilen des Schweizer Bundesgerichts ist er bis heute der am meisten Zitierte seines Fachs. Später sollte Stratenwerth dann auch ein persönlicher Mentor für René werden. René saugt in den Hörsälen alles auf wie ein Schwamm, ihm wird die ganze Bandbreite der Rechtswissenschaften gelehrt, das Strafrecht, das Zivilrecht, die verschiedenen Systeme wie etwa das in der Schweiz und in Deutschland vorherrschende römisch-germanische Recht. Die unzähligen Gesetzesartikel und Paragrafen faszinieren ihn, er beginnt zu verstehen, wie sie entstanden sind und welche Überlegungen und Philosophien dahinterstecken. Sein Lieblingsbeispiel für die Raffinesse eines einzigen Gesetzesartikels ist der Einleitungsartikel des Schweizerischen Zivilgesetzbuchs, der lediglich drei Sätze lang ist, den Handlungsspielraum für ein Gericht aber dennoch präzise absteckt: »Das Gesetz findet auf alle Rechtsfragen Anwendung, für die es nach Wortlaut oder Auslegung eine Bestimmung enthält. Kann dem Gesetz keine Vorschrift entnommen werden, so soll das Gericht nach Gewohnheitsrecht und, wo auch ein solches fehlt, nach der Regel entscheiden, die es als Gesetzgeber aufstellen würde. Es folgt dabei bewährter Lehre und Überlieferung.«

Während des Studiums schlägt sich René aber nicht nur mit Gesetzesabschnitten herum, die für Nichtkundige teils nur schwer verständlich sind. Mit Johannes Georg Fuchs, dem Dekan der juristischen Fakultät und Professor für römisches Recht, reist er im Rahmen einer Exkursion nach Rom, dem Geburtsort des römischen Rechts im 5. Jahrhundert vor Christus. Auf dem Programm steht unter anderem der Besuch der Vatikanstadt und der Sixtinischen Kapelle. Diese ist in jenen Tagen aus unbekannten Gründen allerdings geschlossen, weswegen die Studenten stattdessen selbst über die freie Zeit verfügen können. So schlendert René mit seinem Kollegen Richard Rebmann durch die Gassen Roms, auf der Suche nach einer guten und preiswerten Trattoria, um ihren Hunger zu stillen. Sie kennen sich in der Ewigen Stadt nicht aus und haben auch sonst keine Tipps erhalten, also probieren sie folgende Taktik: Sie halten Ausschau nach einem Geistlichen, von denen es in Rom so viele gibt wie Pflastersteine, und zwar nach einem *Gordito,* einer mit einem dicken Bäuchlein. Der würde sicher ein gutes Restaurant empfehlen können. Alsbald treffen sie auf Padre Palermo, der ihnen behilflich ist. Der Padre fragt die zwei Jungen, woher sie kommen, und so antwortet René, dass er Bolivianer sei, aber in Basel studiere. Der Padre ist nun ganz außer sich. Ganze zwölf Jahre lang habe er selbst in Bolivien gelebt, erzählt er. Er will wissen, was die beiden Studenten in Rom denn so alles unternehmen würden, und René erzählt ihm von der Programmänderung wegen der geschlossenen Kapelle. Da stellt sich heraus, dass Padre Palermo einer der Sekretäre von Papst Paul VI. ist. Ein Mittagessen und zwei Telefonanrufe später stehen René und Richard in der Sixtinischen Kapelle, nur sie, zu zweit, ganz allein. Wie schön es doch ist, Bolivianer zu sein.

Seine Heimat sieht René aber früher wieder, als ihm lieb ist. Im selben Jahr, als Che Guevara in einem Schulhaus in La Higuera, rund 800 Kilometer südöstlich von La Paz, auf General Barrientos' Befehl hin exekutiert wird, stirbt auch Renés Vater. René Carlos hatte kurz vor Weihnachten 1967 einen Darminfarkt erlitten, sein Sohn kommt gerade noch rechtzeitig in La Paz an, um am Sterbebett Abschied zu nehmen von ihm, der einst selbst im frühen Alter den Tod seines Vaters hat verkraften müssen und daraufhin seiner Heimat Basel den Rücken gekehrt hat, um in Bolivien nach seiner Mutter zu suchen, die er nie mehr sehen sollte. Für den 19-jährigen René ist Papas Tod ein herber, äußerst schmerzlicher Verlust. Das Leben aber muss weitergehen, und so kehrt er nach den Trauerfeierlichkeiten in die Schweiz zurück, um das Studium fortzusetzen. Während der Semesterferien belegt er Rechtsvergleichskurse im italienischen Pescara und in Straßburg, die ihm ungemein helfen, die verschiedenen Rechtssysteme noch besser zu verstehen und deren Gemeinsamkeiten und Differenzen zu durchleuchten. In Paris besucht er überdies einen Französischkurs und erlebt die Mai-Unruhen 1968 hautnah mit, die Studentenproteste und den daraus resultierenden, wochenlang anhaltenden Generalstreik in ganz Frankreich. René sieht, wie ein Volk für sich einsteht, sich wehrt, Missstände in einem Land anprangert. Unter Paz Estenssoros oder Barrientos' Herrschaft wäre dies theoretisch auch möglich gewesen. Das Ganze wäre jedoch unvergleichlich blutiger ausgegangen.

Und dann, während des zweiten Studienjahres, ist es auch um René geschehen. Eines Tages läuft er aus Versehen in den falschen Hörsaal hinein und macht sich schnell wieder davon, doch die paar Sekunden, die er wortwörtlich fehl am Platz ist, genügen, um Bekanntschaft zu machen mit Marianne Schaffner, die er alsbald des Öfteren sehen sollte. Sie ist Kindergärtnerin und absolviert an der Universität heilpädagogische und logopädische Kurse. René spürt schnell, wie viel sie ihm bedeutet. Marianne wird zu seiner Stütze, zu seiner linken Hand, zu seinem Ruhepol. Er bezieht sie in alle Zukunftspläne mit ein, auch in jenen, 1973 nach dem Studienabschluss und der gemeinsamen Hochzeit in seine Heimat zurückzukehren, nach La Paz, an einen Ort, der kaum unterschiedlicher als Basel sein könnte. Marianne zögert nicht. Sie fürchtet sich nicht vor den tausend Dingen, die anders sein werden als in der Schweiz, im Gegenteil, sie freut sich auf ihr neues Zuhause, und ihr Gefühl täuscht sie nicht. Sie mag die Stadt auf Anhieb, das Land, die Leute. Die blutigen Revolutionen und Militärputsche tun dabei nichts zur Sache. Sie lernt Spanisch im Handumdrehen, hat kaum einen Akzent. Die Leute mögen sie. Marianne ist sozial aktiv, sie organisiert Kleider und Medizin für bedürftige Kinder, die mit ihren inhaftierten Müttern in bolivianischen Gefängnissen leben können, und leistet Freiwilligenarbeit in einem Kinderspital. Marianne ist herzlich, umgänglich, stets gut gelaunt.

Und mutig ist sie! Wie sehr, sollte einst auch der »Schlächter von Lyon« zu spüren bekommen. Die französische Stadt Lyon war im Zuge des Zweiten Weltkriegs von der deutschen Wehrmacht eingenommen worden, die Geheime Staatspolizei, die Gestapo, verbreitete während

links: Hochzeit von Marianne und René am 4. November 1972 in Basel
rechts: Marianne

Marianne und René in Frankreich

der letzten rund zwei Kriegsjahre Angst und Schrecken im Süden Frankreichs. Die Bevölkerung wurde unterdrückt, an Widerstandskämpfern wurden scheußliche Massaker verübt, Juden zuhauf in die Konzentrationslager deportiert, darunter auch 44 Kinder eines jüdischen Waisenhauses. Die Anzahl Opfer und die schiere Grausamkeit der Folter- und Tötungsmethoden waren von solch einem Ausmaß, dass der allseits gefürchtete Anführer der lokalen Gestapo schlicht »Schlächter von Lyon« genannt wurde. Nach dem Kriegsende gelang es Klaus Barbie, so sein bürgerlicher Name, der Justiz zu entkommen, seine Flucht führte ihn nach Bolivien, wo er sich unter dem Decknamen Altmann niederließ. Während er in Frankreich in Abwesenheit dreimal zum Tode verurteilt wurde, konnte er hier seine hasserfüllte Ideologie nahezu widerstandslos ausleben, auch dank des US-amerikanischen Militärgeheimdienstes, der ihm zur Flucht verholfen hatte. Für die Amerikaner, aber auch für die Westdeutschen heiligte während des Kalten Kriegs der Zweck jedes Mittel, und so beschaffte Barbie als ihr Spion wertvolle Informationen über Kommunisten. Dass er überdies versuchte, mit einem Netzwerk aus weiteren Nazis ein viertes Reich in Lateinamerika zu installieren, schien sie nicht zu interessieren. So wurde er ein Verbündeter diverser Diktatoren und Generäle, auch von René Barrientos, dessen Militärs er mit seinem Kriegswissen bei der Fahndung nach Che Guevara beriet. Nicht nur innerhalb der faschistischen Regime, praktisch im ganzen Land und auch darüber hinaus war es ein offenes Geheimnis, wer Klaus Altmann wirklich war. Nichtsdestotrotz lebte er ein unbehelligtes Leben in La Paz.

Eines Tages verlassen Marianne und René ihre Wohnung und fahren im Lift vom 14. Stock ins Erdgeschoss runter, als der Lift im vierten Stock hält. Ein unauffällig ausschauender, älterer Herr tritt hinein und grüßt freundlich. Sie erkennen ihn sofort, aus einem Zeitungsartikel, der einst über ihn erschienen ist. Stillschweigend bringen sie die Liftfahrt zu Ende. Am späteren Abend, als René und Marianne nach Hause kommen, bestellt diese den Lift und drückt auf die 4 statt die 14. René ist verwirrt, sie hat da sicher was verwechselt. Doch als sie im vierten Stock halten, steigt Marianne aus. Sie findet die Wohnungstür dieses Herrn, nimmt einen Bleistift hervor und malt einen großen Davidstern drauf. Drei Tage später ist der Schlächter von Lyon weggezogen. Wenn ganze Regierungen und Geheimdienste der westlichen Welt über das Böse hinwegsehen oder es sogar gedeihen lassen, dann muss eben Marianne was dagegen unternehmen. Und sei es von noch so kleiner Wirkung.

Die Farbe des Geldes

Irgendwann stürzen sie alle. Jeder auf seine ganz eigene Art. Die einen stürzen ganz tief, andere weniger, manchmal stürzen sie im übertragenen Sinne, manchmal wortwörtlich. Sie stürzen von alleine oder werden gestürzt, aber widerfahren tut es früher oder später jedem. Inmitten des ganzen Chaos, das sich wie ein roter Faden durch Boliviens unübersichtliche Historie zieht, ist dies die einzige verlässliche Konstante.

Als René noch in Basel studierte, geriet General Barrientos innerhalb der Bevölkerung in zunehmendem Maße unter Beschuss, es war immer augenscheinlicher geworden, wie er nach der Pfeife der Amerikaner tanzte und als Diktator deren Interessen vertrat. Seine einst innige Beziehung zu den armen Bauern und den Minenarbeitern, von denen sich Vereinzelte auf Che Guevaras Seite gestellt hatten und dessen bescheidene Revolutionsbewegung unterstützten, litt darunter, und als es Barrientos schließlich dämmerte, dass die Situation auch nicht besser würde, indem er auf sie schießen ließ, entschied er sich dazu, Wiedergutmachung zu betreiben. Per Helikopter, den er immer selbst steuerte, reiste er quer durchs Land und besuchte die Landbevölkerung, bei der er sich von seiner kooperativen Seite präsentierte. Dabei ließ er kaum ein Dorf aus, und lag es noch so abgeschieden. Eines dieser kleinen Dörfer lag in der Provinz Arque, südwestlich von Cochabamba. Hier verfing sich sein Hubschrauber am 27. April 1969 in einer Stromleitung und stürzte ab. Kurz vor seinem 50. Geburtstag fand sein Leben, das der General zu einem Großteil der Armee gewidmet hatte, ein jähes Ende.

Wie ihren eigenen Eltern ist es René und Marianne ein großes Anliegen, dem Nachwuchs ebenso behutsame Verhältnisse zu ermöglichen, wohlwissend, dass die politische und wirtschaftliche Lage dies nicht immer zulassen würde. Ihre drei Kinder wachsen in Achumani auf, einem Stadtteil im Süden von La Paz. Hier haben sie ein Einfamilienhaus errichten lassen, doch die heimliche Architektin ist Marianne gewesen, denn die

Reise durch Bolivien

Enrique und René in Machu Picchu (Peru)

ganze Außenfassade, bestehend aus Keramik, hat sie selbst gestaltet. Als Kindergärtnerin findet Marianne eine Anstellung in derselben Deutschen Schule, die René schon besucht hat, und so unterrichtet sie ihre Sprösslinge gleich selbst, zuerst Claudia, dann Pablo und schließlich Noemi. Die drei Kinder sind grundverschieden, was auch dem jeweiligen Altersunterschied geschuldet ist, und doch verbindet sie eine innige Geschwisterliebe. Sie gehen durch dick und dünn und sind immer füreinander da, während jeder sein eigenes Leben lebt, seinen eigenen Freundeskreis hat, seine Hobbys pflegt. Claudia als Älteste übernimmt naturgemäß die Rolle der Anführerin, sie ist sehr gewissenhaft und verantwortungsbewusst. Noemi, die Nachzüglerin, ist schon eher das typische Nesthäkchen und stets um Harmonie bemüht. Der Hahn im Korb ist Pablo, ein intelligenter Junge, ein Genießer, manchmal auch ein Spitzbub, aber stets mit dem Herzen am rechten Fleck. Er erinnert seinen Vater an Arturo aus »El brindis del bohemio«, ein berühmtes Gedicht des mexikanischen Poeten Guillermo Aguirre y Fierro. Arturo erklärt darin unmissverständlich, dass sein einziges Bestreben sei, der Traurigkeit ihre Inspiration auszutreiben.

Als Pablo fünf Jahre alt ist, soll die Deutsche Schule an einen anderen Standort in La Paz verlegt werden, man will ein neues Schulgebäude errichten, das bisherige ist uralt. René ist zu diesem Zeitpunkt Vertrauensanwalt der deutschen Botschaft in Bolivien, und als solcher ist er auch Mitglied jener Kommission, die das Bauprojekt in die Wege leiten und die Finanzierung mit der Regierung der Bundesrepublik Deutschland klären soll. Während des Kalten Kriegs steht es um die deutsche Staatskasse mehr schlecht als recht, und so erweist sich die Finanzierung als Knacknuss. Der Kommission wird bewusst, dass sie zusätzliches Kapital auftreiben muss, was ihr nur mit großer Anstrengung gelingt. Letzten Endes kann die Schule aber gebaut werden. Als sie fertiggestellt ist und am Ende des Schuljahres die Einweihungszeremonien stattfinden, flattert ein Brief in Renés Büro. Der Botschafter der Bundesrepublik Deutschland und der Rektor der Deutschen Schule würden sich die Ehre geben, Señor Pablo Blattmann auf der Abiturfeier zu empfangen. Die Eltern sind verwirrt, René ruft die Schule an und hakt nach, Pablo sei der Name seines Sohnes, nicht sein eigener, und überhaupt sei sein Sohn noch lange kein Abiturient. Die Sekretärin bestätigt jedoch, der Name sei korrekt so. Also begleiten René und Marianne ihren Sohn zum Abiturball, ohne wirklich zu wissen, weshalb und wofür. Während der Feierlichkeiten erhebt der Rektor der Deutschen Schule das Glas, er möchte einen speziellen Toast auf einen besonderen Gönner der Schule aussprechen und diesen auf die Bühne bitten. »Meine Damen und Herren, Pablo Blattmann«, spricht er zu den Abiturienten. Wie sich herausstellt, hat Pablo zu Hause mitbekommen, dass das Bauprojekt wegen fehlender Gelder zu scheitern drohte. Kurzerhand griff er zu seinem Sparschwein, in dem sich ein paar Batzen befanden, und ging mit diesem zu einer seiner Kindergärtnerinnen in der Deutschen Schule, um sein Hab und Gut zu spenden. Der Botschafter und der Rektor sagen, halb scherzend, halb im Ernst, wenn alle Pablos Beispiel gefolgt wären, dann wäre die Schule schon längst gebaut.

René ist nicht nur Vertrauensanwalt der deutschen, sondern auch der schweizerischen Botschaft. Diese or-

Claudia, Pablo und Noemi (unten)

ganisiert jeden Dezember ein kleines Weihnachtsfest für die Mitarbeitenden sowie für andere Schweizer Bürgerinnen und Bürger, die in La Paz leben. Das Ehepaar Blattmann ist bei diesen Feiern ebenfalls zugegen, und um seine Leidenschaft für das Theater wenigstens ein bisschen ausleben zu können, tritt René nach dem Dinner jeweils als heiliger Nikolaus auf, so wie man ihn in der Heimat kennt, mit dem typischen roten Umhang, dem spitzen Hut, dem langen, weißen, lockigen Bart und dem Holzstock in der Hand. Das Kostüm, das er trägt, ist wunderschön, und so kommt er eines Dezemberabends auf die Idee, den *Chargé d'affaires*, den Stellvertreter des Schweizer Botschafters in Bolivien, zu fragen, ob er es sich für Weihnachten ausleihen könne. Renés Bitte steht nichts im Wege, und so nimmt er das Kostüm nach Hause, um Claudia, Pablo und Noemi zu überraschen. Während der Adventszeit haben die Kinder zusammen mit Mama Marianne den Weihnachtsbaum geschmückt, *Guetzli* gebacken und ein Gedicht auswendig gelernt, das sie dem Nikolaus an Heiligabend vortragen sollten. Nun, kurz bevor es so weit ist, verlässt ihr Vater das Haus, denn er hat ganz vergessen, Getränke einzukaufen. Wenig später klingelt es an der Tür. Die Kinder sind schon unheimlich nervös, Pablo hofft, dass dem bärtigen Mann bloß entgangen ist, dass er sein Zimmer nie aufgeräumt hat, das hat er ihm letztes Jahr nämlich versprochen. Wenn das mal keinen Ärger gibt. Der Nikolaus tritt ein und öffnet sogleich sein großes Buch, das er mitgebracht hat. »Mal sehen, was da drinsteht. Ihr wisst, ich sehe alles, was ihr tut, oder?« Wie macht er das nur? »Hier steht, dass ihr viel miteinander streitet. Dass ihr nicht immer im Haushalt mithelft. Und dass du, Pablo, nicht genug in deinen Büchern liest.« Woher weiß der das alles? »Hier steht aber auch, dass ihr sonntags den Hund wascht und immer eure Hausaufgaben macht. Deshalb habe ich euch Geschenke mitgebracht.« Es sind jene Geschenke, die sich die Kinder gewünscht haben. Sie sind ganz aus dem Häuschen, die Anspannung ist im Nu verflogen. Der heilige Nikolaus macht sich wieder auf den Weg, und kurz darauf kommt der Vater mit ein paar Flaschen Süßgetränke zurück. »Schau, Papa, was uns der Nikolaus geschenkt hat!« Pablo ist begeistert, die Freude könnte nicht größer sein. Doch dann hält er plötzlich inne. Ihm ist etwas aufgefallen. Er greift aufgeregt nach Renés Handgelenk und strahlt. »Du, Papa. Der Nikolaus hatte genau dieselbe Uhr wie du!«

»Das waren schöne Zeiten, René, nicht?«
»Die schönsten.«

Claudia, Pablo und Noemi wachsen nicht in Armut auf, hungern müssen sie nie. Und trotzdem sieht ihre Ernährung anders aus als die eines Schweizer Kindes. Nach dem Tod von Renés Vater führte seine Mutter Alicia dessen Handelsfirma weiter, bis sie sich schließlich entschied, die Firma zu liquidieren, und René, inzwischen von Basel zurückgekehrt, sollte ihr dabei helfen. Die Firma kümmerte sich als Vertriebspartner unter anderem um den Verkauf der Flugtickets der Swissair in ganz Bolivien, und hier bot sich für René eine große Chance. Statt die Firma einfach aufzulösen, beschloss er, mit der Swissair Kontakt aufzunehmen und die Geschäfte selbst weiterzuführen. Für seine Arbeit würde er kein Honorar verlangen, er wollte stattdessen in Form von Flugtickets ausbezahlt werden.

Sein Angebot stieß auf offene Ohren, und so kann die gesamte Familie Blattmann nun einmal jährlich in die Schweiz fliegen und ihre Verwandten besuchen. Der Einkauf in einem Supermarkt ist in Basel für die Kinder ein surreales Abenteuer, ungläubig stehen sie vor den Regalen und staunen über die Lebensmittel, die Süßigkeiten und alle anderen Produkte, die sie sich nie hätten erträumen können, die aber in jedem Schweizer Haushalt im Kühlschrank oder im Keller stehen. In Bolivien hingegen gibt es nichts dergleichen, importierte Güter sind extrem teuer oder gar nicht vorhanden, Lebensmittelknappheit ist nichts Außergewöhnliches. Bereits ein Sack Mehl ist ein Luxusgut. Will Marianne ein Brot oder einen Kuchen backen, dann muss sie sich an das Importbüro wenden, das eine bestimmte Menge der Zutaten für sie organisieren kann.

Für solche Engpässe verantwortlich ist letzten Endes Barrientos' ehemaliger Bildungsminister. Hugo Banzer Suárez heißt er, und dieser wird René dereinst noch eine Menge Kopfzerbrechen bereiten. Nach Abschluss der Sekundarschule trat Banzer umgehend in eine Militärakademie ein und brachte es in der Folge zum Leutnant und später gar zum Oberst. Als solcher wurde er von Barrientos in dessen Kabinett berufen. Nach dem tödlichen Helikopterabsturz des Generals entstand plötzlich ein Machtvakuum, das Politiker von allen Seiten auszunutzen versuchten, insgesamt fünf Militärputsche ließen den Staat im Chaos versinken, die beiden letzten wurden von Banzer orchestriert. Der Erste misslang, woraufhin er ins Exil nach Argentinien floh, doch von dort aus plante er bereits den nächsten Angriff. Nach sieben Monaten Absenz gelang es ihm 1971, auch mithilfe der Amerikaner, die nach links gerutschte Regierung zu stürzen. Seither ist er der neue starke Mann Boliviens, und er regiert das Land mit eiserner Hand. Die Indigenen sind ihm ein Dorn im Auge, die Bauern, die Tagelöhner, die Minenarbeiter und die Gewerkschaften, und auch gegen politische Oppositionelle geht Banzer mit roher Gewalt vor. Hierfür engagiert er eigens einen Mann mit entsprechender Expertise und Ideologie, jemanden, der in der Zwischenzeit Karriere in Boliviens Innenministerium gemacht und sein im Zweiten Weltkrieg entwickeltes Handwerk nie verlernt hat. Zusammen mit Klaus Barbie, dem Schlächter von Lyon, lässt Hugo Banzer Hunderte von Menschen verschwinden und sorgt so für ein weiteres dunkles Kapitel in der jüngeren Geschichte des Landes.

Und wenn Banzer will, dann geht er auch gegen die größte Universität des Landes vor. Es ist die San Andrés, jene Hochschule in La Paz, an der René nach der Rückkehr aus Basel seine berufliche Laufbahn startet. Hier tritt er 1973 eine Dozentenstelle als Strafrechtsprofessor an, nun sitzt er nicht mehr in den Schulbänken, sondern steht vorne. Er führt die angehenden Juristen in die Welt der Rechtswissenschaften ein und lehrt sie die verschiedenen Justizsysteme und Gesetzesartikel, so wie es damals die Professoren Fuchs oder Stratenwerth gemacht hatten. René legt großen Wert darauf, reale und aktuelle Fälle zu behandeln und den Unterricht möglichst praxisbezogen zu gestalten. Darüber hinaus lehrt er Rechtsvergleichung und leitet das Institut für Internationale Studien, später fungiert er gar als Generalsekretär der gesamten Universität. Als solcher ist er für die komplette Administration der Hochschule zuständig. Auf ihm lastet eine beträchtliche Verantwortung, der er sich mit Hingabe verschreibt. Sie restlos wahrzunehmen ist aufgrund regelmäßiger Attacken des Militärs auf die Universität aber unmöglich. Die San Andrés hat sich seit ihrer Gründung immer auch als eine politische Institution verstanden, deren Ausrichtung in der Öffentlichkeit genau beäugt wird. Sie repräsentiert eine intellektuelle Schicht des Landes, die die von der *MNR* und Paz Estenssoro salonfähig gemachte Ideologie in ihren Grundsätzen nie aufgegeben hat. Als öffentliche Hochschule verzeichnet die San Andrés zudem einen Zustrom von jungen Indigenen, die aus ärmlichen Verhältnissen stammen und deren Eltern und Großeltern noch keinen Zugang zur tertiären Bildungsstufe hatten. Viele von ihnen stoßen nun in den Hörsälen, in den Korridoren und auf dem Pausenplatz auf Gleichgesinnte, sie fühlen sich bestätigt und ermutigt, dem Regime entgegenzutreten. Sie mobilisieren sich und organisieren Studentenproteste, im Bewusstsein, dass die Konsequenzen nicht lange auf sich warten lassen würden. Wenn René in seinem Büro angsterfüllte Schreie von draußen hört und sieht, wie Studenten panisch durch die Gänge rennen, dann weiß er, dass Soldaten im Anmarsch sind. Dissidenten werden verhaftet, die Dozenten nach Hause geschickt, die Schule wird dichtgemacht, manchmal für ein paar Tage, meist länger. Dieses Schauspiel wiederholt sich auch nach Hugo Banzers Amtsende 1978 etliche Male, René als Generalsekretär sind da die Hände gebunden. Und schließlich hat er genug davon. Nach einem weiteren Militärputsch im Jahr 1980, bei dem auch Klaus Barbie seine Finger im Spiel hat, bleibt die San Andrés für längere Zeit geschlossen, und René entscheidet sich, danach nicht mehr zurückzukehren. Er legt seine Ämter nieder. Fortan konzentriert er sich voll und ganz auf seine eigene Anwaltskanzlei.

Irgendwann stürzen sie alle, und jeder auf seine ganz eigene Art. Hugo Banzer überstand insgesamt dreizehn Putschversuche. Beim vierzehnten musste er gehen. Während seiner Amtszeit, der längsten eines bolivianischen Präsidenten im 20. Jahrhundert, hatten Wirtschaftskrisen das Land geplagt, die Staatsschulden, vor allem jene bei ausländischen Kreditgebern, waren ins Unermessliche gestiegen. Die Regierung hatte arg mit Korruption zu kämpfen, mit dem Nachbarn Chile befand man sich im Streit über die Regionen am Pazifik, die einst Bolivien gehört und die sie im 19. Jahrhundert im Salpeterkrieg verloren hatten. Banzer wollte sie nun zurückhaben, wegen des Zugangs zum Meer. Sein vermeintlicher Verbündeter, der chilenische Präsident Augusto Pinochet, lehnte jedoch ab und kappte die diplomatischen Beziehungen. Und zu allem Übel machten auch noch die Amerikaner Druck. Sie prangerten die grassierenden Menschenrechtsverletzungen an und zwangen Banzer ihr Demokratieverständnis auf. So sah sich der Diktator genötigt, Neuwahlen anzuordnen, bei denen er selbst nicht mehr antreten würde, stattdessen sollte einer seiner Armeefreunde sein Nachfolger werden. Juan Pereda Asbún hieß dieser, und der gewann die Wahlen auch, und wie. Die Manipulation war so offensichtlich, dass Banzer auf innenpolitischen Druck hin die Wahl annullierte und mit Pereda brach. Dieser ließ sich das nicht gefallen, mit einem Staatsstreich beendete er Banzers Präsidentschaft am 21. Juli 1978 nach sieben Jahren.

Klaus Barbie hingegen war sein Leichtsinn zum Verhängnis geworden. Für die bolivianische Regierung nahm er an einem internationalen Treffen in Paris teil, obwohl er hier in Abwesenheit zum Tode verurteilt worden war. Doch Barbie schien dies wenig zu kümmern. In einer freien Stunde ging er in das Panthéon und besuchte das Grab von Jean Moulin, dem Gesicht der französischen Widerstandsbewegung gegen die deutsche Besetzung im Zweiten Weltkrieg. Moulin war als Kriegsgefangener an den Folgen seiner schweren Folterverletzungen gestorben und wurde so zum Nationalhelden. Sein Peiniger war Barbie höchstpersönlich, er, der nun, umgeben von etlichen Besuchern, einen Blumenstrauß auf das Grab seines Opfers legte und dort eine Weile verharrte. Diese höchst riskante Aktion sollte noch nicht der Anfang vom Ende sein. Zurück in La Paz, erklärte sich Barbie, der hier immer noch unter seinem Alias Altmann lebte, einverstanden mit einem Fernsehinterview. Ein französischer Journalist befragte ihn zu seiner Zeit als Gestapo-Chef in Lyon. Barbie mimte den Ahnungslosen und dementierte mehrmals, je dort gewesen zu sein. Doch der Journalist ließ nicht locker. Er streckte ihm Fotos von getöteten Widerstandsmitgliedern entgegen, darunter eines von Jean Moulin. Barbie nahm sie in die Hand, und das war ein Fehler. Aufgrund seiner Fingerabdrücke verflogen nun die letzten Zweifel an seiner wahren Identität. Frankreich nutzte dies als Druckmittel für seine Verhaftung und Auslieferung, die bolivianischen Regierungen sträubten sich lange Zeit dagegen, gaben letzten Endes aber nach. 1987 wurde Barbie in Lyon zu lebenslanger Haft verurteilt, die Todesstrafe war sechs Jahre zuvor in Frankreich abgeschafft worden. 1991 erlag er schließlich einem Krebsleiden.

Die Kanzlei hat René bereits kurze Zeit nach seiner Heimkehr anfangs der 1970er-Jahre gegründet und sie parallel zu der Anstellung an der San Andrés geführt, denn das Professorengehalt reichte zunächst nirgends hin. Viele seiner Klienten sind Unternehmen aus der Aviatikbranche, darunter die Swissair und später auch die Lufthansa, als deren Anwalt er 1983 eine wichtige Figur im Fall Wurche wird. Der Kriminalfall schlägt international Wellen und stellt das bolivianische Rechtssystem auf die Probe, just zu einer Zeit, in der die Regierung die Preise für Benzin und Lebensmittel deutlich erhöht. Das Volk kann und will sich diese wirtschaftlichen Manöver nicht länger gefallen lassen. Mit Straßenblockaden und durch das Wegsprengen von Straßenabschnitten legt es den Verkehr lahm, ein altbewährtes Druckmittel gegen die Regierung. Die nationale Telekommunikationsgesellschaft stellt ihren Betrieb ein, Bolivien ist fast komplett vom Rest der Welt abgeschnitten. Als dann auch noch Bombenanschläge in den Großstädten verübt werden, scheint klar, dass es schon lange nicht mehr um die Preiserhöhungen geht, sondern um die Regierung selbst, die man zum Teufel jagen will. Da fehlt dieser gerade noch, dass ein hochrangiger deutscher Manager der Lufthansa in La Paz gekidnappt wird. Der 40-jährige Michael Wurche ist als Länderrepräsentant der Fluggesellschaft in El Alto stationiert, dem internationalen Flughafen von La Paz im gleichnamigen Stadtteil, und als solcher pflegt er wichtige Kontakte bis weit hinauf in die Regierungskreise. Am Abend des 14. Novembers 1983 wird Wurche vor seiner Haustür abgefangen und in eine heruntergekommene Lehmhütte in El Alto entführt. Auf über viertausend Metern über Meer muss er, an ein schäbiges Bett angekettet, Kälte, Schmerzen, Hunger

René als Anwalt für die Lufthansa im »Fall Wurche«.
Rechts: Michael Wurche

und eine Scheinhinrichtung erdulden, bis man ihn nach elf Tagen freilässt. Die Lufthansa hat das geforderte Lösegeld von 1,5 Millionen US-Dollar bezahlt.

Über 3000 Polizisten fahnden nun nach Wurches Entführern, sie leisten gute, minutiöse Arbeit. Den Verdacht, dass es sich um ein paar von ihnen handelt, hegen dennoch viele im Land, und so abwegig ist der Gedanke nicht, denn Jahre zuvor war in Bolivien ein ebenfalls deutschstämmiger Unternehmer von Polizeibeamten verschleppt und gefangen genommen worden. Das Lösegeld, das damals bezahlt wurde, sollte ihr miserables Gehalt aufbessern. Nebst den Polizisten werden im Fall Wurche von der Bevölkerung und der Presse auch Regierungsmitglieder beschuldigt, in die Geiselnahme verwickelt zu sein, weil in mehreren ihrer Parteikassen ein Loch klafft, das dringend gestopft werden müsste. Tatsächlich hat der bolivianische Vizepräsident den Botschafter der Bundesrepublik Deutschland vor der Entführung um finanzielle Hilfe gebeten, in den Augen der Ermittler ist dies ein gewichtiges Indiz, das sich allerdings nicht erhärtet. Der wahre Drahtzieher ist ein 67-jähriger Anwalt und ehemaliger Kongressabgeordneter aus Cochabamba, der später behauptet, mit dem Lösegeld die Unterstützung einer politischen Geheimorganisation geplant zu haben. Zusammen mit dem Ex-Mann seiner Tochter, einem Briten, rekrutierte der Anwalt vier junge Bolivianer, die alle in Geldnot steckten und keinen anderen Ausweg sahen, als sich mit einer Entführung eine bessere Zukunft zu erschleichen. Nach Wurches Freilassung tauchen sie unter. Während zwei Wochen tut sich nichts, die Ermittler tappen im Dunkeln. Der Plan der Banditen scheint aufzugehen, bis der bolivianische Innenminister auf einer Pressekonferenz entgegen der Abmachung mit den deutschen Ermittlern behauptet, dass die Geldscheine allesamt markiert seien. Nun lassen sich die Bandenchefs zu einer absurden Tat hinreißen. Weil sie unter dem Mikroskop keine Markierung erkennen, waschen sie Teile des Geldes, und zwar im wahrsten Sinne des Wortes, mit Wasser und Waschpulver. Dadurch erhoffen sie sich, dass die Kennzeichen weggelöst werden. Die Geldscheine haben nun aber eine derart weiche, seifige Konsistenz, dass sie dem nicht in den Fall eingeweihten Geldwechsler, der für eine Transaktion eingespannt wird, sofort auffallen. Dieser alarmiert die Polizei, und eine Spur führt zur anderen. Alle Entführer landen in Untersuchungshaft, ihre Komplizen ebenfalls.

Hier kommt René als Anwalt im Auftrag der Lufthansa ins Spiel. Es beginnt die Strafverfolgung, und diese hat es in sich, nicht zuletzt wegen der komplexen Internationalität des Falls Wurche. Mit Bolivien und Deutschland müssen sich zwei ermittelnde Staaten, die sich unterschiedliche Herangehensweisen gewohnt sind, zuerst einmal finden. Mit den Behörden aus Großbritannien, der Heimat des einen Bandenchefs, sowie aus den USA, wohin sich dieser nach der Entführung absetzte, stoßen zwei weitere Protagonisten dazu. René bereitet den Gerichtsprozess vor, er reicht Klagen gegen die Entführer ein, unter anderem wegen Erpressung, schweren Raubs und Körperverletzung. Er schlägt ihnen vor, das Lösegeld zurückzugeben, um Strafermäßigung zu erlangen, doch es ist anzunehmen, dass sie sich damit freikaufen wollen und das Geld hierfür versteckt halten. Tatsächlich kommt die Tochter des alten Drahtziehers, die Ex-Frau des Briten, schnell wieder frei, zu schnell, René erfährt, dass eine Bestechungssumme von 60 000 Dollar geflossen sein soll. Sofort erstattet er Strafanzeige gegen den korrupten Richter. Dasselbe muss er mit einem anderen Richter machen, der keinerlei Befugnis in diesem Fall hat, sich aber plötzlich einmischt, indem er eine eidesstattliche Aussage vorlegt. Diese soll den Briten entlasten, er sei zum Tatzeitpunkt gar nicht in La Paz gewesen, sondern knapp 550 Kilometer weiter westlich, in Santa Cruz de la Sierra, und habe somit gar nicht am Verbrechen teilnehmen können. Offensichtlich ist auch hier Bestechungsgeld geflossen, René durchschaut das Manöver, der Richter wird aus dem Staatsdienst entfernt. Die Ganoven lassen dennoch nichts unversucht. Zunächst bestechen sie das Wachpersonal im Gefängnis, um ausbrechen zu können, der Plan wird aber von anderen, nicht bestochenen Wärtern vereitelt. Später gelingt dann dreien von ihnen die Flucht, und zwar nicht gemeinsam, sondern einzeln, sie alle kommen von versehentlich genehmigten Freigängen nicht zurück, weil sich kein Wächter darum geschert hat, die Gefangenen im Auge zu behalten. Schließlich werden sie wieder geschnappt. René ist es mittlerweile aber zu bunt geworden. Er sieht sich gezwungen, eine Pressekampagne zu starten und erhöht damit den Druck auf die Staatsanwaltschaft. Diese muss nun liefern, und sie tut es. Michael Wurches Entführer werden nach unzähligen Revisionen, Einsprüchen und Bestechungsversuchen schließlich zu Freiheitsstrafen um die 20 Jahre verurteilt. Von der Entführung bis zum finalen Urteil sind sechs Jahre vergangen.

»Ein Land ohne Gerechtigkeit ist wie Erde ohne Wasser«

Es ist ein warmer Januartag im Jahr 1994, René, Marianne und die Kinder befinden sich im Familienurlaub in Salvador da Bahia, einer Großstadt im Nordosten Brasiliens. Wie immer nach Weihnachten versuchen sie, den Alltag in La Paz für eine Weile hinter sich zu lassen und frische Energie für das neue Jahr zu tanken, doch dieses Mal nehmen die Ferien ein jähes Ende. René erhält einen Anruf aus der Heimat.

Einer seiner Klienten, Nino Volpe, ein junger Tourist aus Italien, wurde ein paar Monate zuvor in La Paz inhaftiert, nachdem dessen Mietauto vom Vermieter als gestohlen gemeldet worden war. In Tat und Wahrheit war Nino auf seiner Reise in den Yungas in einen Unfall verwickelt, wodurch das Auto einen größeren Schaden erlitt. Diesen meldete er unverzüglich dem Vermieter, in der Hoffnung, dass er mit ihm und mit der Versicherung eine adäquate Lösung finden und somit ein Großteil der Reparaturkosten entfallen würde. Der Vermieter hatte jedoch gar keine Versicherung abgeschlossen, obschon dies im Mietvertrag so stand. Stattdessen ging er zur Polizei und machte aus dem Unfall gleich einen Diebstahl, wodurch Nino postwendend in Untersuchungshaft landete. Keine der vielen Instanzen des Rechtssystems, kein Polizist und auch kein Richter hielten es für nötig, einen Blick in den Mietvertrag zu werfen oder, noch einfacher, Nino zu fragen, wo das Auto abgestellt worden war. Nachdem René als Pflichtverteidiger mit dem Fall beauftragt wurde, leitete er sogleich die nötigen Schritte ein, um einen richterlichen Entlassungsbefehl zu erwirken, da Nino offensichtlich unschuldig war. In Bolivien waren jedoch gerade Gerichtsferien, und so musste sich der Italiener noch ein bisschen gedulden. Nach rund drei Monaten geht es dann auf einmal ganz schnell. René sieht sich nun gezwungen, seinen Urlaub abzubrechen und nach La Paz zurückzukehren, um die letzten Details für Ninos Freiheit zu klären. In Brasilien herrscht zu dieser Zeit allerdings ein Generalstreik, die meisten Flughäfen sind geschlossen, der Flugverkehr stark beeinträchtigt. Nur aus São Paulo verlassen noch einige wenige Maschinen das Land, und so bleibt René nichts anderes übrig, als die zweitausend Kilometer von Salvador nach São Paulo samt Frau und Kindern per Taxi zurückzulegen. Nach ein paar Stunden Fahrt, es ist schon stockfinster, bemerkt René, dass dem Taxifahrer immer wieder die Augen zufallen. So bietet er an, sich selbst ans Steuer zu setzen. Der Fahrer soll sich ausruhen. Wieder ein paar Stunden später hat nun auch René mit der Müdigkeit zu kämpfen, woraufhin Marianne übernimmt. René macht es sich auf der Rückbank bequem und döst sofort weg, doch plötzlich hört er einen lauten Schrei. Der Taxifahrer, der auf dem Beifahrersitz geschlafen hat, ist soeben erwacht und hat Marianne neben sich erblickt. Eine Frau, die sein Taxi fährt! Diesen Anblick muss der Brasilianer erst einmal verkraften.

Nach fast 48 Stunden Reise kommt René in La Paz an, an einem Montag, mit strapazierten Lungen wegen des enormen Höhenunterschieds. Schnurstracks begibt er sich zum Gefängnis, um Ninos Entlassung zu arrangieren. René sagt ihm, dass er ein freier Mann sei, doch plötzlich beginnt dieser zu zögern. Er besitzt doch tatsächlich den Nerv, René zu fragen, ob er noch ein paar Tage bleiben könne, denn für Donnerstag habe er für alle Insassen einen Filmabend organisiert. Es sei ihm gelungen, »Der Pate« aufzutreiben, ein Klassiker mit Marlon Brando und Al Pacino, das ganze Gefängnis freue sich schon enorm drauf. Allmählich verliert René die Geduld. Mit letzter Energie bringt er Nino schließlich zur Vernunft, und so verlässt dieser das Gefängnis, während seine Mitinsassen tosenden Lärm machen, um ihn, den sie alle lieb gewonnen haben, gebührend zu verabschieden. René kann nun endlich nach Hause gehen, nichts sehnt er sich mehr herbei. Er ist müde von der langen Reise, die Lungen machen ihm immer noch zu schaffen, es ist elf Uhr abends. Er ist bereits auf dem Weg ins Schlafzimmer, als Marianne ihm sagt, dass soeben der *Palacio* angerufen hat. Er denkt sich nichts weiter dabei, Palacios ist immerhin der Nachname eines bolivianischen Berufskollegen, und eigentlich möchte er einfach nur noch schlafen. Er sagt ihr, dass er am nächsten Morgen zurückrufen werde.

– Nein, René, du musst jetzt gleich anrufen. Es ist der *Palacio.*

Er braucht einen Moment, um wirklich zu verstehen. Dann wählt er die Nummer. Sogleich wird er durchgestellt.

– Guten Abend, René! Ich möchte Sie um einen Gefallen bitten. Kommen Sie doch zum *Palacio.*
– Wann soll ich kommen?
– Um zwölf Uhr.
– Alles klar. Dann sehen wir uns morgen Mittag. Gute Nacht, Señor Presidente.
– Nein, René, jetzt! Ich erwarte Sie um Mitternacht.

Mit Hugo Banzer Suárez ist 1978 zwar ein Diktator gegangen, nicht aber die Militärdiktatur selbst. Erst vier Jahre und einige Staatsstreiche später sollte sie endgültig abgeschafft werden. Bis dahin bekommt Bolivien noch einmal die volle Härte seiner politischen Beschaffenheit zu spüren, der Übergang hin zur Demokratie erweist sich erwartungsgemäß als äußerst mühselig, vor allem ist sie von vielen Rückschlägen geprägt. Bei keiner der drei Präsidentschaftswahlen, die zwischen 1978 und 1982 ausgerufen werden, erreicht ein Kandidat die absolute Mehrheit der Stimmen, oder die Wahlsiege werden für nichtig erklärt. Die Armee, wenn sie denn überhaupt je weg war, findet stets zurück an die Macht. Sie scheut nicht davor zurück, eindrücklich aufzuzeigen, weshalb Bolivien eine Demokratie so bitter nötig hätte, während die Paramilitärs auf dem Land ebenfalls aufrüsten. Spätestens als der Staat im Jahr 1982 von einer gravierenden Wirtschaftskrise heimgesucht wird und diese in einen Generalstreik mündet, steht Bolivien kurz vor dem Bürgerkrieg. Nun beginnt es auch innerhalb des Regimes zu brodeln, und wo es brodelt, da sind diejenigen, die die Gunst der Stunde nutzen wollen, nie weit weg. Dieses Mal erweist sich das sogar als Glücksfall. Der neue Regierungschef, General Guido Vildoso Calderón, erkennt den Ernst der Lage, er befürwortet während seiner dreimonatigen Amtsdauer einen schnellen Demokratisierungsprozess und will sogleich Neuwahlen einläuten. Als sich jedoch abzeichnet, dass sich das Land noch vor den Wahlen im Bürgerkrieg befinden würde, sieht sich Vildoso zu einer schnelleren Alternative gezwungen. Er erinnert an die letzte Präsidentschaftswahl zwei Jahre zuvor und lässt den Kongress nun das damalige Wahlergebnis bestätigen. So tritt der Gewinner, Hernán Siles Zuazo, am 10. Oktober 1982 mit reichlich Verspätung doch noch sein rechtmäßiges Amt an. Vildoso tritt würdevoll ab, ohne Blutvergießen besiegelt er das endgültige Ende des Militärregimes, das eingesehen hat, dass es nicht mehr geduldet wird. Bolivien ist, zumindest auf dem Papier, eine Demokratie.

Wirtschaftskrisen und eine horrende Inflation machen dem Staat weiterhin zu schaffen, daran ändert sich auch unter Siles Zuazo nichts. Vom Kongress wird er schließlich dazu gedrängt, Neuwahlen um ein Jahr vorzuziehen. Gewonnen werden sie von einem alten Bekannten, von Víctor Paz Estenssoro, der mittlerweile aus dem Exil nach Bolivien zurückgekehrt ist und mit seinem Sieg dafür sorgt, dass die von ihm gegründete *MNR* nach langen 21 Jahren wieder regiert. Als Paz Estenssoro einen erfolgreichen Bergbauunternehmer und früheren Filmemacher zum Planungsminister ernennt und dieser die Hyperinflation mittels sogenannter ökonomischer Schocktherapien binnen sechs Wochen zum Stoppen bringt, beruhigt sich auch die wirtschaftliche Lage allmählich. Der Planungsminister heißt Gonzalo Sánchez de Lozada, doch von allen wird er nur Goni genannt, er, der Spanisch mit amerikanischem Akzent spricht, weil sein Vater, ein Diplomat, nach einem der vielen Militärputsche in die Vereinigten Staaten exiliert wurde und dort seine Kinder großgezogen hat. Goni bringt die Wirtschaft auf Vordermann und wird eine prägende Figur innerhalb der *MNR,* 1989 kandidiert er für Paz Estenssoros Nachfolge und gewinnt sogleich die Volkswahl. Die absolute Mehrheit erreicht er allerdings nicht, und so hat verfassungsgemäß der Kongress das letzte Wort. Dieser stimmt für den Gegenkandidat Jaime Paz Zamora, der einen Pakt mit dem dritten Präsidentschaftskandidaten geschlossen hat, mit einem weiteren alten Bekannten, der auf demokratischem Weg an die Macht zurückzukehren versucht. Hugo Banzer verhilft Paz Zamora zu den benötigten Stimmen im Kongress. Goni hat, trotz der meisten Volksstimmen, das Nachsehen.

Vier Jahre später tritt er wieder an. René unterrichtet mittlerweile Strafrecht an der San Pablo, der katholischen Privatuniversität in La Paz, als Gonzalo Sánchez de Lozada im August 1993 der 61. Präsident Boliviens wird und Víctor Hugo Cárdenas, einen Aymara, zum ersten indigenen Vizepräsidenten in der Geschichte des modernen Lateinamerikas macht. Fünf Monate ziehen ins Land, dann tätigt Goni eines Nachts um elf Uhr einen Anruf, Marianne nimmt ihn entgegen, René solle zurückrufen. Der ist sich nicht ganz sicher, ob das wirklich der *Palacio* ist, der Präsidentenpalast, doch dann erkennt er den amerikanischen Akzent. Noch um Mitternacht fährt er hin.

Hier steht er nun, in Anzug, Krawatte und mit reichlich Schlafmangel, in einem der prunkvollen Säle des *Palacios.* Es ist sieben Uhr morgens, er ist umgeben von Goni und dessen Kabinettsmitgliedern, es werden Hände geschüttelt, Namen und Neuigkeiten ausgetauscht. Der Präsident hat ihm eigentlich ein paar Tage Bedenkzeit gewährt, und tatsächlich sind die letzten Zweifel noch nicht ganz verflogen, er ist schließlich kein Parteimitglied der *MNR*, die Politik ist ihm nicht vertraut. Und ehrlich gesagt, kann er sich auch nicht wirklich vorstellen, in dieser mitzumischen. Doch tief im Innern spürt er, dass er keine andere Wahl hat. »Ich weiß, dass du immer etwas für dein Land tun wolltest.« Gonis Worte vom nächtlichen Treffen zuvor hallen immer noch nach. »Jetzt ist deine Chance gekommen.« Je früher er sich das eingesteht, desto früher kann er mit der Arbeit loslegen. Denn genau das erwartet Boliviens neuen Justizminister: eine Riesenmenge Arbeit.

Goni mag zwar die Wirtschaft gerettet haben, doch er wäre kein Reformer, wenn er nicht auch explizit den Armen helfen und sich ihrem Leid annehmen wollte. Unter Paz Estenssoro hatte sich die *MNR* schon anfangs der 1950er-Jahre der Herausforderung verschrieben, den Aymara, den Quechua oder den Guaraní bessere Perspektiven zu bieten. Dabei ließ sie ein entscheidendes Mittel aber mehrheitlich ungenutzt, und zwar das Justizsystem. Dieses funktioniert für die indigene Bevölkerung, und das ist immerhin die Mehrheit des gesamten Volks, seit seiner Errichtung nicht, oder besser gesagt, es funktioniert sehr wohl. Als Teil des Kolonialerben sperrt es sie bewusst massenweise in die Gefängnisse ein und lässt sie drinnen, auch Minderjährige, ohne irgendeinen Pflichtverteidiger, geschweige denn einen Prozess. In fast jeder Familie der Unterschicht gibt es jemanden, der schon jahrelang in einem überfüllten, verwahrlosten Knast sitzt, für Bagatellen, zu Strafen, die man in weiten Teilen Europas schon vor zwei Jahrhunderten abgeschafft hat. »Ein Land ohne Gerechtigkeit ist wie Erde ohne Wasser«, sagt Goni. Bolivien plagt seit seiner Unabhängigkeit von Spanien 1825 eine chronische Dürre, zu viele haben die Erde leer gepumpt und ausgemergelt, während das Fußvolk Durst leidet und daran krepiert, teils wortwörtlich. Will er die Stellung der Indigenen, ja aller Normalbürger in der Gesellschaft verbessern, erkennt Goni, dann muss das Rechtssystem umgekrempelt werden, und zwar gründlich. Eine Riesenmenge Arbeit.

Ungemütliche, gemeine, nervenaufreibende, undankbare Arbeit, und von keiner Sorte zu wenig. René weiß genau, was ihm blüht, und nicht etwa, weil sein Vorgänger ihn davor gewarnt hätte. Er weiß es, weil es ge-

oben: René und Gonzalo »Goni« Sánchez de Lozada;
unten: mittlere Reihe v.l.n.r.: Marianne, René,
Noemi, Vize-Präsident Víctor Hugo Cárdenas

oben: Goni (stehend), Vize-Präsident Cárdenas (rechts daneben) und gesamtes Kabinett im Palacio, 1994;
unten: Gonis Kabinett vor dem Palacio, 1994

nau genommen gar keinen Vorgänger gibt. Ein Justizministerium hat in Bolivien bis anhin nicht existiert. Erst im September 1993, kurz nach seinem Amtsantritt, verabschiedet Goni ein Exekutivgesetz, um es formell ins Leben zu rufen, per Dekret folgt wenig später die Verordnung zum Ministergesetz. Diese definiert die Struktur und die genauen Aufgaben des Ministeriums sowie seiner Untersekretariate. Gleichzeitig ernennt der Präsident einen langjährigen, erfahrenen Regierungsangestellten und Gelehrten zum Justizminister, der aus gesundheitlichen Gründen nur kurze Zeit später bereits wieder abtreten muss. So kommt der Reformierungsprozess ins Stocken, bevor er überhaupt richtig begonnen hat. Goni lässt sich davon nicht beirren, und so vertraut er schließlich René die Aufgabe an, entlang der gesetzlichen Parameter eine Institution zu schaffen, die langfristig bestehen kann. Wohlwissend, dass dies, in einem Land wie Bolivien, einer Herkulesaufgabe gleichkommt.

Tatsächlich hat die Absenz eines Justizministeriums in Bolivien tiefe Spuren hinterlassen. Eine Kette ist nur so stark wie ihr schwächstes Glied, heißt es bekanntlich, und so muss man, wenn man sehen will, wie es um ein Land wirklich steht, bei dessen Spitälern und Gefängnissen genau hinschauen. René kommen diese Worte in den Sinn, als er durch die Eingangspforte von San Pedro geht, eine Justizvollzugsanstalt im Zentrum von La Paz, unweit vom *Palacio*. Hier leben rund 1500 durch ihre eigenen Taten und Gedanken, vor allem aber von Gesellschaft und Justiz geschwächte Menschen in Räumlichkeiten, die für 600 Insassen konzipiert sind. René wird bei seiner Visite der Anstalt schonungslos vor Augen geführt, was er schon längst weiß, von Goni und von seiner Frau Marianne, die sich hier freiwillig für die Schwächsten der Gemeinschaft engagiert. Fast alle Insassen sind Indigene, und ihre Hautfarbe und ihr sozialer Status sind ein wichtiger Grund dafür, dass ihre Lebenswege die Abzweigung nach San Pedro eingeschlagen haben. Einer von ihnen ist Alejo Castro, ein junger Quechua, der seit viereinhalb Jahren in Untersuchungshaft steckt. Alejo wird beschuldigt, chemische Grundstoffe, die für die Verarbeitung von Drogen verwendet werden können, in einem Auto transportiert zu haben, obwohl er per Anhalter darin mitfuhr und der Fahrer und die anderen Insassen gegenüber der Polizei sogar aussagten, dass er von den Grundstoffen im Kofferraum gar keine Kenntnis hatte. Seither wartet er auf seinen Gerichtsprozess. Letzten Endes sollte er von allen Anklagepunkten freigesprochen werden, doch für die Zeit, die ihm gestohlen wurde, erhält er keine finanzielle Entschädigung. Dafür fehlt dem Staat schlicht das Geld. Fälle wie den von Alejo gibt es zuhauf, 91 Prozent aller bolivianischen Gefangenen befinden sich in Untersuchungshaft, sie sind also nicht oder zumindest noch nicht verurteilt worden. Von allen lateinamerikanischen Staaten verzeichnet in dieser Hinsicht nur Paraguay einen höheren Wert.

Die Durchschnittsdauer der Untersuchungshaft misst sich dabei nicht in Monaten, sondern in Jahren, oft ist das länger als die letzten Endes ausgesprochene Freiheitsstrafe. Klar, die bolivianischen Gerichte arbeiten unglaublich langsam, sie sind heillos überfordert, weil es hinten und vorne an Ressourcen fehlt, die die konstant steigende Anzahl Fälle und Prozesse stemmen könnten. Dass die Untersuchungshaft jeweils so lange dauert, ist auch auf die Annahme der Beamten zurückzuführen, dass alle Beschuldigten tatsächlich schuldig und folglich zu Recht eingesperrt seien. Es findet also eine Vorverurteilung vor dem eigentlichen Prozess statt, und zwar durch die Polizei, durch einen Haftrichter oder durch die Staatsanwaltschaft. Dazu haben diese per Gesetz aber gar keine Befugnis. Nur ein Prozessrichter dürfte über Schuld oder Unschuld richten, nachdem er sich mit dem Fall und der Person auseinandergesetzt hat. Bis dahin müsste immer die Unschuldsvermutung gelten. Und nur, wenn der Verdacht begründet werden kann, dass ein Angeklagter vor dem Prozess untertauchen, Beweismittel verschwinden lassen oder Einfluss auf Zeugen nehmen wird, wäre eine längere Untersuchungshaft gerechtfertigt. Boliviens Justizwesen übergeht diese Gesetzesgrundlagen. Wer im Gefängnis sitzt, der tut das sicher nicht ohne Grund, und von dort drinnen kann er oder sie wenigstens niemandem außerhalb der Mauern schaden. Je weniger Rechte der Einzelne, desto sicherer die Gemeinschaft.

René ist erst seit zwei Tagen im Amt, da greift die bolivianische Presse die Geschichte eines mutmaßlichen Rauschgifthändlers auf, der ganz offensichtlich seine Bürgerrechte kennt. Lautstark hat er sich beschwert, dass er eine Woche nach seiner Verhaftung noch immer keinem Richter vorgeführt worden sei, zudem habe man ihm den Kontakt mit einem Anwalt untersagt. Diverse Journalisten melden sich bei René und wollen wissen, was der neue Justizminister dazu zu sagen hat. Sein Statement ist unmissverständlich. Ohne sich konkret in den Fall einzumischen, verweist er auf die Verfassung, die besagt, dass nach jeder Verhaftung maximal 48 Stunden vergehen dürfen, ehe ein Haftrichter über das weitere Vorgehen zu entscheiden hat. Das Recht auf Kontakt mit einem Juristen müsse außerdem jederzeit gewährleistet sein. Mit seiner Antwort macht René das erste Mal auf sich aufmerksam, und aus dem Polizeipräsidium bläst ihm prompt Gegenwind entgegen. Der Neue da, der habe ja keine Ahnung, schimpft der Polizeichef, sie würden das schon lange so machen, ihm müsse keiner sagen, wie er seinen Job zu erledigen habe. René wird ein erstes Mal getestet. Dass er anderen auf die Füße treten und sich unbeliebt machen würde, hat er erwartet, das sollte ihn nicht weiter stören. Nun muss er aber auch standhaft bleiben. Das Justizministerium darf nicht klein beigeben. Es muss sich Respekt verschaffen und ernst genommen werden. Ein Spaziergang wird das nicht, das weiß René, doch das bolivianische Volk hat er glücklicherweise auf seiner Seite, die Kirche ebenfalls, und auch die Medien stützen ihn. Der renommierte Journalist und Kriminologe Huáscar Cajías schreibt, dass der Justizminister absolut im Recht sei, er rügt den Polizeichef, er und seine Männer hätten René Folge zu leisten. Cajías' Kolumne stößt auf viel Zustimmung, nach anfänglichem Zögern und mehreren Gesprächen lenkt die Polizei tatsächlich ein, der mutmaßliche Drogendealer wird einem Richter vorgeführt. René hat seine erste Prüfung bestanden.

Bolivien hat mehr verdient: Das neue Justizministerium

Mehr als die Hälfte aller Bolivianer ist bis heute im informellen Sektor tätig, in der sogenannten Schattenwirtschaft. Sie arbeiten als Verkäufer, Hersteller von Produkten und Anbieter von Dienstleistungen, und zwar abseits der Regulierung und des Schutzes des Staates. Die erzielten Umsätze und Gewinne tauchen in keinen offiziellen Bilanzen auf, sie können nur geschätzt werden, die Arbeitskräfte selbst haben keine Ansprüche auf ein Mindesteinkommen. Auch Arbeitsversicherungen oder Pensionen gibt es für sie keine.

Bei Rocío Lavilla war das nicht anders. Selbst in ärmste Verhältnisse hineingeboren, schlug sich die Aymara und Mutter zweier Töchter als Straßenhändlerin durchs Leben, mehr schlecht als recht, der finanziellen Verantwortung gegenüber den Kleinen war sie kaum gewachsen. Nur zu gerne hätte Rocío ein wenig Geld für sie zur Seite gelegt, um ihnen eine bessere Zukunft bieten zu können, doch die Realität ließ diesen Gedanken jedes Mal, wenn er aufkam, ganz schnell im Keim ersticken. So blieb es dabei, dass sie in La Paz jegliche Art von Waren verkaufte, die den Leuten in ihrem Alltag irgendwie nützlich waren, fünfzehn Stunden am Tag, sieben Tage die Woche. Immer an ein und derselben Straßenecke, wo ihr mit Sicherheit der eine oder andere Stammkunde über den Weg laufen würde. Jeden Morgen schleppte Rocío ihren hölzernen Karren, den sie jeweils schon am Vorabend belud, dorthin, und eines Tages stand da plötzlich ein älterer, elegant gekleideter Herr, den sie noch nie zuvor gesehen hatte. Sogleich begann der Mann auf Rocío einzureden. Sie befinde sich auf seinem Grundstück, sagte er in höchst unflätigem Ton, das Haus da, jenes an der Straßenecke, das gehöre ihm. Folglich dürfe sie hier nicht einfach irgendwelche Geschäfte ohne seine Erlaubnis tätigen. »Du musst mir was von deinem Gewinn abtreten!«, befahl der Herr. Rocío wusste nicht, wie ihr geschah, sie versuchte sich zu wehren, so gut es nur ging, doch mit jedem Wort, das sie sagte, wurde der Mann lauter. So dauerte es nicht lange, bis zwei Polizisten herbeigerufen wurden, und diese nahmen Rocío schließlich mit auf die Wache. Noch am selben Abend wurde sie in Untersuchungshaft gesteckt.

Der Gang vor Gericht war nun unumgänglich, das leuchtete Rocío Lavilla sofort ein. Ein Verwandter vermittelte ihr umgehend den Kontakt eines Anwalts, der sich ihrem Fall annehmen und ein möglichst baldiges Prozessdatum erwirken sollte. Bis dahin würde die zweifache Mutter in Haft bleiben müssen. Der Anwalt leistete gute Arbeit, alsbald traten Rocío und der ältere, schick gekleidete Herr vor einen Richter, und wenig später wurde sie auch schon freigesprochen. Ein Blick ins Grundbuch der Stadt hatte gereicht, um zu beweisen, dass ihr gewöhnlicher Arbeitsplatz gar nicht auf dem Grundstück des Klägers, sondern ein paar Meter daneben lag. Die Erleichterung war riesig, doch währen sollte sie nur kurz. Beim Verlassen des Gerichtssaals beobachtete Rocío beiläufig, wie sich der Mann plötzlich an ihren Anwalt wandte und ihm etwas zuflüsterte, woraufhin dieser nickte. Da ahnte sie bereits, dass noch mehr Unheil drohen würde. Schnurstracks ging sie nach Hause, und am nächsten Morgen holte die Polizei sie ab. Das war im Februar 1991. Drei Jahre später lebt Rocío noch immer mit ihren beiden Töchtern im Frauengefängnis von Obrajes, einem Stadtteil im Süden von La Paz.

Die Auseinandersetzung mit dem Polizeichef im Fall des mutmaßlichen Rauschgifthändlers sollte René einen guten Vorgeschmack geben auf das, was ihn in den kommenden Wochen und Monaten erwartet. Die gefühlt Einzigen, die mit ihm sympathisieren, sind die Gefangenen selbst, Menschen wie Rocío Lavilla und Alejo Castro, die gar nicht recht glauben können, dass sich plötzlich jemand für sie einsetzt. Ansonsten haben ziemlich alle, die in der Politik und innerhalb des Rechtssystems auf irgendeine Weise tätig sind, ihre liebe Mühe mit dem neuen Justizminister. Erst einmal mögen sie nicht, dass ihnen nach Jahrzehnten des freimütigen Tuns und Lassens jemand auf die Finger schaut und für Recht und Ordnung sorgt. Sie fühlen sich ertappt und sehen ihre Komfortzone gefährdet, sie spüren, dass nun ein anderer Wind weht, dass von jedem Einzelnen mehr verlangt wird. Viele erkennen die Notwendigkeit von Renés Arbeit nicht, zu sehr ist ihre Sichtweise auf die Gesellschaftsverhältnisse unter den vorherigen Regierungen getrübt worden. Selbst Víctor Hugo Cárdenas, der Vizepräsident und ein Aymara, erschrickt, als René ihm darlegt, dass 90 Prozent der Gefangenen »seine Leute« sind. Andere fürchten plötzlich Konsequenzen für vergangene Taten, die nicht ganz legal waren, oder sie sind schlicht nicht einverstanden mit den Ideen des Ministers. Was deren Umsetzung betrifft, so hegen sowieso alle ihre Zweifel, sogar Goni hat manchmal seine schwachen Momente. Eines Tages fragt er René, ob er wirklich wisse, was er tue. René weiß es. Dass er aneckt, hat höchstens zu bedeuten, dass er seinen Job richtig macht, auch wenn das kaum jemand erkennen mag. Goni bietet René Personenschutz an, es könne nicht sein, dass der Justizminister einfach so frei herumläuft. Dieser witzelt, höchstens im Büro des Anwaltskollegiums würde er einen Leibwächter brauchen.

Denn seine ärgsten Widersacher sind nicht etwa die Polizeichefs, sondern die *Abogados,* die Anwälte. René weiß ganz genau, was sie stört, schließlich war er früher selbst einer, und der Grund geht einher mit jenem, weshalb Rocío Lavilla, obwohl sie ihren Gerichts-

Parade vor dem Palacio in La Paz, zusammen mit Vizepräsident Víctor Hugo Cárdenas (3.v.l.) und dessen Gattin prozess gewonnen hat, drei Jahre später immer noch in Obrajes sitzt. Rocío, das hat ihr Kontrahent natürlich geahnt, schuldet dem Staat und ihrem Verteidiger noch umgerechnet 1400 Euro an Verfahrenskosten, und solange diese nicht komplett abbezahlt sind, behält man sie in Haft. Das nötige Geld aufzutreiben ist aber ein Ding der Unmöglichkeit, denn im Gefängnis verdient sie kaum etwas, und ihre Familienmitglieder außerhalb der Mauern müssen selbst jeden Peso umdrehen. Geldschulden sind grundsätzlich stets eine zivilrechtliche Angelegenheit, das heißt, die eigenen Finanzen mögen darunter leiden, nie aber die eigene Freiheit, doch in Bolivien werden sie strafrechtlich geahndet. Dass der bolivianische Staat dieses Geld wohl nie sehen wird, oder anders ausgedrückt, dass es wahrscheinlicher ist, dass Rocío in Obrajes stirbt, als dass sie eines Tages die Schulden begleichen kann, interessiert niemanden. Wenn überhaupt, rechtfertigt es aus Sicht der Richter ihre Praxis. Und so wie der Staat sind eben auch die Anwälte darauf erpicht, ihre Honorare einzukassieren. Für nicht bezahlte Anwaltshonorare muss ein Bolivianer, wenn er überhaupt einen Anwalt hat, ebenfalls mit Freiheitsentzug rechnen, das ist Geld, das die Anwälte auf keinen Fall verlieren wollen. Kommt jemand also frei, bevor er die Schulden bei seinem Anwalt abbezahlt hat, so haben diese, das ist zumindest ihre durchaus nachvollziehbare Befürchtung, umsonst gearbeitet. Natürlich bleiben die Schulden auch nach der Wiedererlangung der Freiheit bestehen, doch ein wichtiger Anreiz, diese schleunigst zu begleichen, ist nun weggefallen.

Auf Politiker, Gesellschafter und Gesetzeshüter, ja sogar auf den Vizepräsidenten muss René nicht minder einreden. Kaum wird ein Verbrecher festgenommen, schimpfen sie alle, wolle der Blattmann kommen und diesen gleich wieder freilassen. Wo solle das denn nur hinführen. Goni sieht sich mehrmals gezwungen, zwischen ihnen und seinem Justizminister zu vermitteln. Die eigentliche Frage, die sich die bolivianische Justiz aber ernsthaft stellen müsste, ist nicht, wohin René sie führen wird, sondern, warum sie ihn derart fürchtet. Die Antwort aussprechen mag niemand, denn es käme einem Eingeständnis gleich, doch kennen tut sie jeder: Mit der Justiz lässt sich Geld verdienen und Macht festigen. Die Staatsanwälte, die Polizisten und Richter, die Ermittler, die Wärter, viele von ihnen möchten ihr Gehalt aufbessern, und dafür sind sie bereit zu schweigen, in die andere Richtung zu schauen und die hohle Hand zu machen. Das System hat sich im Wesentlichen zu einem Wirtschaftsunternehmen entwickelt, und im Umkehrschluss ist das der Armen Leid. Ohne Schmiergeld bekommen sie die volle Härte des Apparats zu spüren. Dagegen anzukämpfen ist meist aussichtslos, zu politisiert ist alles. Die Regierung sichert sich ihren Einfluss, indem sie die Richter des Obersten Gerichtshofs ernennen kann, und so verhält es sich analog auf allen Stufen der Pyramide. Erwartungen, dass sich daran etwas ändert, hegt keiner. Selbst René, der neue Justizminister, hat nie großes Vertrauen ins Rechtssystem gehabt. Als er noch Anwalt war, hatte er meist versucht, sich mit den anderen Parteien außergerichtlich zu einigen. Auf einen Großteil der Richter war schlicht zu wenig Verlass.

Tatsächlich haben die Richter in Boliviens Gerichtssystem kaum je irgendeine Form von Gegenwehr zu befürchten, weder von den Staatsanwälten noch von den

Verteidigern. Letztere sind im Gerichtssaal lediglich anwesend, damit sie bezahlt werden und ihre Pflicht erfüllen, oder um irgendwelche belanglosen, administrativen Ungereimtheiten zu vermeiden. Dass sie ihre Mandanten ernsthaft verteidigen und einen Freispruch zu erwirken versuchen, wäre da schon zu viel verlangt. In sieben von zehn Fällen glänzen sie sowieso durch Abwesenheit, weil sich die Beschuldigten einen Anwalt gar nicht leisten können, und so bleibt diesen nichts anderes übrig, als sich selbst zu vertreten, was ohne juristische Kenntnisse in zehn von zehn Fällen schiefgeht. Pflichtverteidiger, die vom Staat kostenfrei zur Verfügung gestellt werden, gibt es keine. Die Anklage bedeutet bereits das Urteil. Alejo Castro, den einst eine Fahrt per Anhalter ins Gefängnis geführt hat, ist es nicht anders ergangen. Auch ihm sind die finanziellen Möglichkeiten, einen Anwalt anzuheuern, von vornherein verwehrt geblieben.

Alejos Geschichte steht sinnbildlich für eine gesamte Region in Bolivien. Das Auto, mit dem Alejo mitfuhr und in dem man die chemischen Grundstoffe entdeckte, war nämlich nördlich von Cochabamba unterwegs, im tropischen Tiefland, in einer Provinz namens Chapare. Und der Chapare ist keine Provinz wie jede andere. Zusammen mit denjenigen in den Yungas ist sie die Einzige, in der der *Erythroxylum coca* wächst, der Cocastrauch, und dies schon seit Jahrtausenden. Tatsächlich haben dessen Blätter eine lange Tradition in den Kulturen der indigenen Völker, von denen sie gekaut oder zu Tee aufgebrüht werden. Sie enthalten viele gesunde Mineralien und Vitamine, und leidet jemand unter Müdigkeit, Kopfschmerzen oder sogar Rheuma, so greift er oder sie zu diesen ovalen, giftgrünen Blättern. Im Leben der Einheimischen sind sie fest verankert, in ihren Religionen sind sie sogar Teil von Ritualen. Doch das ist nur die halbe Wahrheit. Die Cocablätter aus dem Chapare sind, anders als jene aus den Yungas, zum Kauen und zum Teebrauen ungenießbar, sie sind bitterer, weil sie einen höheren Anteil eines bestimmten Alkaloids aufweisen, und zwar des Kokains, jene Substanz, die auf das zentrale Nervensystem eines Menschen wirkt und süchtig machen kann. Im Chapare hat man diese Eigenschaft Mitte des 20. Jahrhunderts erkannt. Tonnenweise Cocablätter werden seither in die Labore transportiert, um die Substanz mittels chemischer Prozesse zu extrahieren und schließlich zur fertigen Droge zu verarbeiten. Vor allem die Amerikaner wollen dieses Übel an der Wurzel packen, im wahrsten Sinne des Wortes. Während der 1980er-Jahre hat die US-Regierung unter Präsident Ronald Reagan ihren *War on drugs* nochmals intensiviert und gegen Süden ausgeweitet. Sie hat die Ursprungsländer der Drogenkartelle unter Druck gesetzt und Präsenz markiert, in Kolumbien und Peru, in Mexiko, in Panama, und eben auch im Chapare. Hunderte von Millionen US-Dollar lässt sich Uncle Sam diesen Kampf kosten, und zu spüren bekommen das vor allem die *Cocaleros,* die Cocabauern. Viele von ihnen sind wie Alejo Castro: indigen, arm und ohne Perspektive.

In einem hierarchischen Syndikat bilden die *Cocaleros* die unterste Stufe, und so werden sie von ihren Oberen, von den wahren Profiteuren des Drogengeschäfts, rigoros ausgenutzt. Für nur wenige Pesos am Tag gehen sie einer knochenharten, zermürbenden Tätigkeit nach, die obendrein auch noch illegal ist, wodurch sie sich ständig der Gefahr aussetzen, den Anti-Drogeneinheiten zum Opfer zu fallen. Diese stürzen sich auf die Bauern wie die Geier, unterstützt von der amerikanischen *Drug Enforcement Administration,* kurz *DEA,* und beflügelt durch die Ley 1008, ein Gesetz, das 1988 vom damaligen Präsidenten Víctor Paz Estenssoro verabschiedet wurde und das angeblich US-amerikanische Regierungsbeamte entworfen haben. Die Ley 1008 meint es nicht gut mit den *Cocaleros,* was es auch nicht sollte, denn zweifellos gehört die Drogenkriminalität bekämpft. Und doch weist das Gesetz Mängel auf. Seine teils ungenauen und gar widersprüchlichen Artikel erlauben es den Justizbehörden, diese nach eigenem Empfinden zu interpretieren und auszulegen. So kann ein Rauschgifthändler ohne Berücksichtigung der genauen Droge und der Menge, mit der er handelte, zu einer jahrzehntelangen Freiheitsstrafe verurteilt werden. Die Staatsanwälte im Chapare haben besondere Befugnisse, sie sind nicht wirklich angehalten, eindeutige Beweise gegen einen angeklagten *Cocalero* vorzubringen, oft genügt ein erzwungenes Geständnis. Und im seltenen Fall, dass einer von ihnen tatsächlich freigesprochen wird, verhindert ein anderer Richter seine Freilassung, bis der Staatsanwalt beim Berufungsgericht Einspruch erhoben hat. So herrschen in der Provinz barbarische Zustände, geschaffen durch ein drakonisches, verfassungswidriges Gesetz. Folglich darf nicht überraschen, dass der Anteil der Menschen, die Anfang der 1990er-Jahre wegen Drogenhandels und ähnlicher Straftaten inhaftiert sind, fast die Hälfte der gesamten bolivianischen Gefängnispopulation ausmacht. Die Drohungen, die Nötigungen, die physische und auch psychische Folter, das alles beginnt aber schon vorher. Der Staat begeht im Chapare eine ganze Palette an Menschenrechtsverletzungen, während sich das Kokaingeschäft ungeachtet dessen fortentwickelt.

Da stellt sich unweigerlich die Frage, was ein Justizminister dagegen unternehmen kann. Ein Justizminister, dem die breite Unterstützung aus den eigenen Reihen fehlt, und womöglich auch die der Amerikaner, mit denen man es sich nicht verscherzen sollte, sind sie mit ihren Subventionen doch eine wichtige finanzielle Stütze. Und diese hat man dringend nötig. Boliviens Staatskasse ist von einer chronischen Leere geplagt, die horrenden Wirtschaftskrisen der 1980er-Jahre haben tiefe Löcher hinterlassen, von denen sich der Staat immer noch nicht vollends erholt hat. So liegt auf der Hand, dass René kein Budget zur Verfügung steht, mit dem er jene Veränderungen vorantreiben kann, die der Chapare, ja das ganze Land dringend erfahren müsste. Geldspritzen von ausländischen Regierungen darf er ebenfalls keine erwarten. Diese wollen zuerst Leistungen sehen und sich davon überzeugen lassen, dass sich eine Investition auch wirklich lohnt. Bis dahin wird das Handeln des Justizministeriums kritisch beäugt. Es ist ein einziger Teufelskreis.

»René, hattest du jemals daran gedacht, aufzugeben?«
»Nicht eine Sekunde!«

Warum auch? Er hat nichts zu verlieren, es kann ja nur noch besser werden. Das mag banal und abgedroschen klingen, ist in der Essenz aber genau das, was René dazu antreibt, mit seinem Ministerium das Bestmögliche aus jedem einzelnen Tag herauszuholen und das bolivianische Justizsystem so Stück für Stück zu reformieren. Er ist sich bewusst, dass es unglaublicher Kraftakte bedarf, um all jene Änderungen zu vollziehen, die er sich herbeisehnt. Doch nun liegt es an ihm, wenigstens ein robustes Fundament zu schaffen, auf dem aufgebaut werden kann und von dem das bolivianische Volk langfristig profitieren wird. Die Auseinandersetzungen mit dem Polizeichef, mit den Ministern, mit den Anwälten und Richtern, sie spornen ihn an und motivieren ihn noch mehr. Er ist fest entschlossen, sich gegen seine Kritiker zur Wehr zu setzen, gegen die Nörgler, die Zweifler, die Pessimisten. Diese eine Person, die hinter ihm steht, ist schließlich niemand Geringerer als der Staatspräsident, und dessen Vertrauen will er rechtfertigen. René will etwas bewirken, allen Vorhersagen zum Trotz. Bolivien hat mehr verdient.

Davon überzeugen muss er jetzt nur noch alle anderen, und allmählich beginnt René zu verstehen, was konkret zu tun ist. In erster Linie muss er Vertrauen stiften. Die Richter, die Polizisten, die Strafverteidiger, sie alle müssen spüren, dass er es gut meint, dass er keine falschen Absichten hegt. Er muss einen aufrichtigen Eindruck auf sie machen, zu keinem Zeitpunkt darf sie das Gefühl beschleichen, er würde sie außen vor lassen und nicht konkret in seine Pläne miteinbeziehen. Er will seine Widersacher nicht als solche denunzieren, vielmehr sollen sie integraler Bestandteil seiner Reformen werden, denn nur so kann es gemeinsam vorangehen. Entsprechend kommuniziert René mit großer Transparenz nach außen. Als Zweites muss er jedem, der innerhalb der bolivianischen Justiz eine Rolle innehat, den Spiegel vorhalten. Sie alle sollen sich in die Rocíos und Alejos dieses Landes hineinversetzen können, ansonsten würden sie wohl nie vollends begreifen, warum seine geplanten Reformen von derartiger Dringlichkeit sind. Das vermeintlich fehlende Mitgefühl, die oft vermisste Empathie, sie müssen aus jedem Einzelnen herausgekitzelt werden.

René erinnert sich an einen Zahnarzt, dessen Bruder nach Verbüßen einer mehrjährigen Freiheitsstrafe weiterhin gefangen gehalten wurde, weil er die ausstehenden Anwaltsrechnungen nicht begleichen konnte. Der Zahnarzt sah sich letztendlich gezwungen, seine Praxis zu verkaufen. Sein Bruder kam dadurch zwar frei, er selbst aber war nun arbeitslos. »Stellen Sie sich vor, Sie wären der Zahnarzt. Wie würden Sie sich fühlen?«, fragt René sein Gegenüber meist. »Aber Doctor Blattmann, ich bin nun mal nicht –« – »Das spielt keine Rolle! Stellen Sie sich jetzt vor, Sie wären der Zahnarzt. Wie würden Sie sich fühlen?« Immer und immer wieder stellt er solche Fragen. Und langsam, aber sicher bekommt er die Antworten zu hören, die er hören will. Er spürt, dass er ein Umdenken anstoßen kann, wenn auch nicht bei allen. Noch nicht.

Es ist viel Fingerspitzengefühl gefragt, und vor allem gute Menschenkenntnisse. Jede einzelne Person, mit der René spricht, reagiert unterschiedlich. Doch für kein Treffen, für keine Diskussion und keinen Telefonanruf ist er sich zu schade. Er wird nicht müde, seine Überzeugungen zu teilen, Fragen zu stellen und zu beantworten, die Geschichte des Zahnarztes zu wiederholen. Ein Umdenken soll nicht nur innerhalb des Systems stattfinden, Renés Vision muss sich auch in der Basis einnisten, in den Köpfen der Bürgerinnen und Bürger. Und so entscheidet er sich, aktiv auf die Medien zuzugehen. In den ersten Monaten nach seinem Amtsantritt gibt er Dutzende von Interviews, und dabei sind ihm audiovisuelle Interviews lieber als gedruckte, da fast ein Viertel des gesamten bolivianischen Volkes nicht alphabetisiert ist. Der Verbreitung seiner Botschaften darf dies keinen Abbruch tun, vor allem, weil sie oft ebendieses Viertel betreffen. So erscheint er in diversen Fernsehsendungen, in Talkshows, sogar im Frühstücksfernsehen. Er veranstaltet Dutzende Seminare und *Mesas redondas,* Politdiskussionen am runden Tisch, zu denen er auch Anwälte und Richter einlädt. Er nimmt jede verfügbare Minute vor der Kamera dankbar an, die Sendezeit interessiert ihn nicht. Die Leute sollen wissen, dass es einen Justizminister gibt und dass er seinen Job ernst nimmt. Und um zu beweisen, wie ernst er es meint, reist er durchs ganze Land. Er besucht alle neun *Departamentos* in Bolivien, er reist in die abgelegensten Dörfer, zu den indigenen Gemeinschaften, in einzelne Armenviertel im tropischen Tiefland, in den kahlen Anden, ganz egal. René will präsent sein. Seine Besuche sollen den Leuten zu verstehen geben, dass man sie nicht komplett vergessen hat, dass er bereit für einen Dialog ist und ihnen zuhört. Er will erfahren, was ihnen auf dem Herzen liegt. Er will herausspüren, welche Erwartungen sie an den Justizminister haben.

Um die finanziellen Hürden zu meistern, braucht es jedoch mehr als nur Fernsehauftritte und Dorfbesuche. Solange René nicht über die nötigen Gelder verfügt, kann er seine Worte nicht in Taten umsetzen, und lang-

oben: zu Besuch in einem Dorf in ländlicher Gegend;
unten: Empfang des Justizministers in einem indigenen Städtchen

sam, aber sicher würden die paar Funken Hoffnung, die er innerhalb des Volkes in der Zwischenzeit hat aufkommen lassen, wieder erlöschen. Glücklicherweise beginnt seine Überzeugungsarbeit erste Früchte zu tragen, und so erklären sich ein paar seiner Ministerkollegen aus Gonis Kabinett dazu bereit, ihm unter die Arme zu greifen. Sie haben zur Kenntnis genommen, mit welcher Leidenschaft René versucht, etwas zu bewirken, und wollen ihren Beitrag leisten. An den Referaten und Kongressen, die die Minister regelmäßig organisieren, kommen einflussreiche politische Persönlichkeiten zusammen, Lobbyisten und Gesellschafter, auch ausländische Diplomaten und Vertreter. Am Rande solcher Reunionen gewähren sie René nun immer wieder mal eine Viertelstunde Redezeit. Das Justizministerium kann sich nicht mal das Organisieren eines Apéros oder einer Cocktailparty leisten, und so schätzt er die ihm gebotenen Möglichkeiten, um Werbung für seine Projekte zu machen und den einen oder anderen Mäzen an Land zu ziehen.

Was das fehlende Personal betrifft, so rekrutiert er sechs seiner besten Studenten, die er an der San Pablo unterrichtet hat, und macht sie zu seinen Assistenten. Zusammen mit weiteren jungen und noch unerfahrenen Juristen belegen sie neu gegründete Ämter wie jenes des Generalsekretärs, des Direktors für Menschenrechte oder des Rechtskonsulenten, und schon bald sollten sie zu einer eingeschworenen Truppe heranwachsen. Sie sind motiviert, lernbegierig und bereit, die Extrameile zu gehen. René legt großen Wert darauf, dass sie alle gute Techniker sind, dass sie das Handwerk eines Juristen in- und auswendig beherrschen. Noch wichtiger ist ihm allerdings, dass sie unbefangen sind, dass keiner seiner Mitarbeitenden ein Parteiprogramm vertritt. Er befürchtet, dass Politiker versuchen könnten, Einfluss auf das Ministerium zu nehmen, um die eigenen Interessen zu wahren. Damit dies verhindert wird, bedarf es größtmöglicher Transparenz, in einem bisher so undurchsichtigen System erst recht. So werden neue Dienst- und Kommunikationswege geschaffen, Kommissionen ins Leben gerufen, ein Austausch mit der Polizei, mit den Gerichten oder anderen Ministerien in die Wege geleitet. Das Ganze geschieht von einem Stockwerk eines unscheinbaren Hochhauses in La Paz aus, in dessen leer stehende Büros René und sein Team einziehen. Wie schon erwähnt, ein Justizministerium hat es bis anhin nicht gegeben.

Ein Tag im Leben eines bolivianischen Justizministers mag vieles sein, aber niemals langweilig. Er ist vollgespickt mit intensiven Meetings und dem Treffen schwieriger Entscheidungen, und verläuft ein Meeting nicht nach Plan und die Entscheidungen lösen eine Kontroverse aus, dann beträgt ein Arbeitstag gefühlt 24 Stunden. Viel Freizeit bleibt da nicht. Vor allem zu Beginn leisten René und seine Leute unzählige Überstunden, um irgendwie auf einen grünen Zweig zu kommen, derart viele Problemstellen haben sie identifiziert. Doch weder von den Kontroversen noch vom Schlafmangel lassen sie sich beirren. Sie halten eisern an ihren Zielen fest, an ihren Prinzipien, an ihren Prioritäten. Eine davon, das ist für René glasklar, muss der Chapare sein. In keiner Weise möchte er das Drogengeschäft legitimieren oder gar fördern, doch die Missachtungen der Menschenrechte müssen ein Ende haben, und zwar schnell.

Die Cocabauern dürfen der Willkür der Justiz nicht länger ausgesetzt sein. So beschließt er, eigens für diese Provinz die *Oficina de Derechos Humanos* ins Leben zu rufen, die Behörde für Menschenrechte. Die Führung dieser Institution, das ist ihm ein wichtiges Anliegen, will er jemandem anvertrauen, der das Gebiet wie seine Westentasche kennt. Jemandem, der einen guten Draht zu den Indigenen finden kann, der das Gesetz beherrscht, anzupacken weiß und kein Problem damit hat, sich in Notfällen wortwörtlich die Hände schmutzig zu machen. Ein richtiger »Indiana Jones« muss her, ist René überzeugt, und so fällt seine Wahl auf einen Arzt aus Cochabamba. Godofredo Reinicke ist der Nachfahre deutscher Immigranten, groß, kräftig, unerschrocken. Sein Vater hatte im Chapare einst ein Bergbauunternehmen besessen, er kennt die Länder bestens, für einen abenteuerlustigen Menschen wie er sind nicht mal sie ein zu heißes Pflaster. Reinicke nimmt Renés Auftrag dankbar an und schlägt im kleinen Städtchen Chimoré sogleich seine Zelte auf.

Zu Beginn ergeht es ihm nicht anders als seinem Vorgesetzten. Er ist bemüht, die Gunst der Einwohner im Chapare zu gewinnen und sie zu überzeugen, dass seine Präsenz zu ihrem Vorteil ist, doch die Einheimischen trauen ihm nicht. Sie sehen in ihm einen Feind, einen Handlanger der Regierung, sie können beim besten Willen nicht verstehen, warum ausgerechnet er helfen möchte. Reinickes Annäherung gestaltet sich schwierig, und sie ist nicht ungefährlich. Im Laufe der Zeit haben sich die Cocabauern in sechs Gewerkschaften organisiert, deren oberster Führer ein junger Aymara namens Evo Morales ist. Unter Morales ist es immer wieder zu heftigen Aufständen gekommen, bei denen auch er selbst mehrmals verhaftet oder gar tätlich angegriffen worden ist. Reinicke muss aufpassen, nicht ins Kreuzfeuer der Gewerkschaften zu geraten, genauso wenig wie in jenes der Polizisten und Anti-Drogeneinheiten. Denn diese haben ebenfalls ihre liebe Mühe mit ihm. Warum sollte ihnen einer dazwischenfunken, sie werden schließlich von den Amerikanern unterstützt, und das sollte Legitimation genug sein, um den Kampf gegen diese kriminellen Hinterwäldler mit aller Härte voranzutreiben. Doch Reinickes Auftrag ist unmissverständlich. Will der Chapare je wieder zur Ruhe kommen, dann braucht es jemanden, der beiden Seiten gründlich auf die Finger schaut. Er mag keine Drogen, als Bolivianer nicht und als Arzt noch viel weniger. Doch die Menschenrechte müssen gewahrt werden.

Hierfür betreibt Reinicke unendlich viel Kommunikation. Er will den Einwohnern im Chapare ihre Bürgerrechte genauestens vermitteln, sie müssen sich bewusst werden, dass der Umgang mit ihnen nicht in Ordnung ist und dass sie das Recht haben, Missbräuche zu beanstanden. Reinicke besucht die einzelnen indigenen *Comunidades* in der Provinz, er tritt aktiv in einen Dialog mit den Bürgerinnen und Bürgern und nimmt sich ihrer an. Er verteilt vom Ministerium verfasste Broschüren, in denen ihre Rechte und ihre Pflichten aufgelistet sind, in spanischer Sprache genauso wie in den indigenen, in Quechua oder Aymara. Er nimmt jede einzelne Beschwerde der Leute entgegen, in seinem ersten Jahr sind es über 3000. Er sammelt sie alle, er dokumentiert und untersucht die jeweiligen Missstände und konfrontiert damit die Kommandanten der einzelnen Polizeistationen. Er setzt sie unter Druck, ihre Angestellten zu ermahnen und zur Verantwortung zu ziehen. Gefordert ist Reinicke nicht nur als Gesetzeshüter, sondern auch in seinem eigentlichen Beruf. Wenn eine einheimische Person angeschossen oder verprügelt auf einem Landweg zurückgelassen wird, dann ist er es meist, der die Blutung stoppt, die Wunde heilt, ihr die nötigen Medikamente gibt und sie in Sicherheit bringt. Seine Arbeit als Menschenrechtsbeauftragter verlangt ihm alles ab. René unterstützt ihn, wo er nur kann, und auch Marianne hilft mit. Sie versorgt Reinicke mit den nötigen medizinischen Utensilien.

Was Godofredo Reinicke im Chapare sieht und erlebt, ist oft jenseits menschlicher Würde. Im Gefängnis einer Polizeistation, in das er erst Einblick erhält, nachdem René von oben Druck gemacht hat, findet er Hunderte Gefangene vor, eingesperrt auf einer Fläche von knapp 300 Quadratmetern. Es herrschen Zustände, wie sie René aus San Pedro kennt, die meisten Häftlinge warten auf einen Gerichtsprozess, die Ley 1008 unterbindet ihre Grundrechte. Und während sie weiter warten, während Reinicke im Dschungel für Gerechtigkeit kämpft und dafür sorgt, dass sich die Gefängnisse nicht noch mehr füllen, wird im Justizministerium in La Paz fleißig an neuen Gesetzen gefeilt, die ihn dabei unterstützen sollen.

Ein neues Gesetz ist grundsätzlich nichts anderes als eine Lösung für ein Problem. Ist das Problem einmal identifiziert, wird in einer Rechtsvergleichung analysiert, welche Lösungen in anderen Ländern und Rechtssystemen bereits gefunden wurden und inwiefern sich diese übernehmen lassen. Die zuständige Kommission, in deren Rechtsbereich die jeweilige Angelegenheit fällt, entwirft daraufhin das Gesetz mit ihren einzelnen Artikeln. Sobald ein erster Entwurf abgeschlossen ist, schickt sie ihn zur Revision an René, der seine Gedanken und Änderungsvorschläge hinzufügt. Die Artikel werden nun überarbeitet, umgeschrieben oder gleich ganz verworfen, solange, bis alle mit dem fertigen Entwurf zufrieden sind. Je nach Komplexität des Problems, das man lösen möchte, kann diese Prozedur Wochen oder gar Monate dauern. Nun geht der Entwurf zur Rechtsberatung. Diese stellt sicher, dass die einzelnen Artikel nicht anderen, bereits bestehenden Gesetzen widersprechen oder sich gegenseitig behindern, dass sie auch wirklich im Einklang mit anderen legalen Normen stehen und nicht verfassungswidrig sind. Zudem wird das Gesetz inhaltlich nochmals auf seine Eindeutigkeit geprüft, denn die Artikel müssen hieb- und stichfest sein. Ein mögliches Schlupfloch würden die Anwälte sofort entdecken und ausnutzen. Gibt die Rechtsberatung grünes Licht, ist die technische Arbeit abgeschlossen. Nun beginnt der politische Weg, und dieser ist meist nicht minder steinig. Zuerst wird der Gesetzesentwurf dem Präsidenten zugeschickt. Dann kommt er vor die Legislative.

René und seine Leute arbeiten mit Hochdruck. Unter anderem kreieren sie die Ley Nr. 1602, das »Gesetz zur Abschaffung von Freiheitsentzug bei finanziellen Verpflichtungen«. Im Römischen Reich ist die körperliche Bestrafung im Falle von Schulden bereits 326 v. Chr. abgeschafft worden, die Lex Poetelia Papiria hat bestimmt, dass ein Gläubiger nur Anspruch auf Güter des Schuldners hat, nicht aber auf dessen Freiheitsentziehung. In Bolivien hingegen sind unbezahlte Anwaltshonorare, Verfahrenskosten oder Geldbußen auch mehr als zwei Jahrtausende später noch Grund genug, Menschen zu verhaften oder Gefangene über ihre Freiheitsstrafe hinaus festzuhalten. Nun sollen diese Forderungen vollumfänglich ins Zivilrecht hinübergehen. René will die Haft als Mittel zur Eintreibung von Schulden verbieten. Artikel 1 der Ley Nr. 1602 besagt: »Jede in einem Strafverfahren verurteilte Person wird nach Verbüßung ihrer Strafe unverzüglich freigelassen, ungeachtet des noch ausstehenden zivilrechtlichen Schadensersatzes und der Kosten des Verfahrens. Diese Verbindlichkeiten können nur von den dazu berechtigten Personen und im Rahmen des gesetzlich festgelegten Verfahrens in das Vermögen des Schuldners vollstreckt werden.«

Juristische Fachsprache verfolgt nicht primär das Ziel, leicht verständlich zu sein. Vielmehr besteht ihr Zweck darin, möglichst präzise alle relevanten rechtlichen Aspekte zu berücksichtigen und Missinterpretationen zu vermeiden, und so nimmt sie in Kauf, unter Laien eine gewisse Verwirrung auszulösen. Die zwei Sätze des Artikels 1 sind da keine Ausnahme. Den bolivianischen Parlamentariern dürften sie weniger Mühe bereiten, denn viele von ihnen sind gelernte Juristen, und im Kongress müssen sie sich regelmäßig mit allerlei Gesetzesvorschlägen befassen. Der Ley Nr. 1602 nehmen sie sich trotzdem nur widerwillig an, und so wird sie im Oktober 1994, wenig verwunderlich, zunächst mal auf die lange Bank geschoben. Die Volksvertreter sind mit vermeintlich Wichtigerem beschäftigt. Bewegung in die Sache kommt erst, als sich in den Gefängnissen allmählich herumspricht, was Artikel 1 genau zu bedeuten hat. Plötzlich ist es vorbei mit der Ruhe. Um den Politikern Beine zu machen, treten die Häftlinge in einen fristlosen Hungerstreik.

Der Volksheld mit den Weihnachtsgeschenken

Bis Heiligabend sind es noch zehn Tage. Marianne ist, wie jedes Jahr an Advent, bereits eifrig am »Guetzli« Backen, sie bäckt alle Schweizer Klassiker, die Mailänderli, die Zimtsterne, die Brunsli, aber auch typisch bolivianische Delikatessen. Zusammen mit Noemi hat sie den großen Christbaum im Wohnzimmer prachtvoll geschmückt, mit diversen Kugeln und Kerzen in allen möglichen Farben. Im Hause Blattmann herrscht festliche Stimmung.

Die Begeisterung der Kinder für Weihnachten ist zwar nicht mehr ganz dieselbe, wer kann es ihnen verübeln, sind sie doch mittlerweile zu Teenagern und zu jungen Erwachsenen herangereift. Der heilige Nikolaus, der die gleiche Uhr wie Papa trägt, kommt nicht mehr, die Geschenke sind kleiner geworden. Und doch sehnen sich Claudia, Pablo und Noemi die Festtage herbei. Die Geborgenheit, die sich im Familienhaus in Achumani um diese Jahreszeit breitmacht, würden sie mit nichts und niemandem tauschen wollen, sie genießen die Besinnlichkeit und die Ruhe. Ihr Vater aber, der ist in diesen Tagen ungewohnt nervös. Es ist der 14. Dezember 1994, ein Mittwoch, und sein größter Weihnachtswunsch könnte bereits heute in Erfüllung gehen.

Hier steht er nun, in Anzug und Krawatte, am Rednerpult im Senatssaal an der Plaza Murillo, gleich neben dem *Palacio,* den Senatorinnen und Senatoren der bolivianischen Republik gegenüber. Es ist frühmorgens, ein paar von ihnen sind bereits in den Weihnachtsferien, die Session hat soeben begonnen. Knapp zwei Wochen zuvor hat das Abgeordnetenhaus, die untere Kammer des Kongresses, auf die Hungerstreiks in den Gefängnissen reagiert und die Ley Nr. 1602 mit wenigen Gegenstimmen angenommen, doch das war lediglich die erste Hürde. Ohne die Absegnung des Senats, der oberen Kammer, kann das Gesetz nicht in Kraft treten. Die Verfasser müssen ihren Gesetzesentwurf vor dem Senat verteidigen, bevor überhaupt darüber abgestimmt wird. Sie müssen sich den Fragen, den Einwänden und den Zweifeln der Senatoren stellen und darlegen können, warum diese gut daran tun, Ja zu stimmen. Die Ley Nr. 1602 besteht aus 13 Artikeln, und jeder einzelne wird an diesem Mittwoch vom Se-

Weihnachten in Achumani, 1992, v.l.n.r.:
Marianne, Claudia, Noemi, René, Pablo

nat attackiert, seziert und durch den Dreck gezogen. Dass seine Verteidigung etliche Stunden in Anspruch nehmen und sich in die Länge ziehen würde, war ihm bewusst, es überrascht ihn keineswegs. Es wäre geradezu unbolivianisch, wenn den Senatoren nach nur kurzer Zeit bereits die Fragen ausgehen würden. Mit einer Engelsgeduld steht er auf dem Podium und verteidigt die Ley, Artikel um Artikel, Absatz um Absatz. Die Nacht zuvor hat er damit verbracht, alle möglichen Antworten einzustudieren, sodass möglichst alles reibungslos vonstattengeht, und seine Vorbereitung macht sich nun bezahlt. Die Anhörung läuft so, wie er es sich erhofft hat. Keine einzige Frage wirft ihn aus dem Konzept, und gegen Abend werden sie allmählich weniger giftig. Die Anhörung sollte trotzdem noch eine Weile andauern. Draußen ist es längst dunkel, Marianne und die Kinder sind schon am Schlafen, auch er ist müde, der Magen knurrt. Als die letzte Frage beantwortet ist, verlässt René das Rednerpult und nimmt auf einem Sitz in der vordersten Reihe Platz. Nun kann abgestimmt werden.

Weil der offizielle Name des Gesetzes viel zu lang ist, als dass ihn sich irgendjemand merken könnte, hatte die Presse es während der Anhörungen im Parlament kurzerhand auf den Namen seines Erschaffers umgetauft. Am Morgen des 15. Dezember 1994 erscheint in Bolivien wohl keine einzige Tageszeitung, auf deren Titelblatt nicht in großen Buchstaben »Ley Blattmann« prangt, und die Tatsache, dass Weihnachten vor der Tür steht, lassen sich die Journalisten nicht nehmen, um in triumphalen Tönen vom »verfrühten Geschenk der Politik an das bolivianische Volk« zu schreiben. Wenige Stunden zuvor hatte der Senat die Ley verabschiedet, und zwar einstimmig. Nach mehr als drei harten und aussichtslosen Jahren darf Rocío Lavilla mit ihren zwei Töchtern nun das Frauengefängnis in Obrajes verlassen, sie dürfen die wiedererlangte Freiheit im Kreise ihrer Familie feiern, und mit ihnen 553 weitere Bolivianerinnen und Bolivianer, die dasselbe Schicksal ereilt hat. Sie sind frei, endlich frei. Einfach nur frei.

Am Nachmittag, nachdem er sich ein wenig ausgeruht hat, fährt René nach San Pedro, um höchstpersönlich den ersten Häftling aus der Justizvollzugsanstalt freizulassen und durch die Ausgangspforte zu begleiten. Er tut es im Beisein etlicher Journalisten, die in ihren Zeitungsartikeln tags darauf schreiben werden, wie ein alter Mann, der immer noch nicht so recht kapiert, was da genau vor sich geht, gemeinsam mit dem Justizminister ein paar Freudentränen verdrückt. Die Ley Nr. 1602, das »Gesetz zur Abschaffung von Freiheitsentzug bei finanziellen Verpflichtungen«, ist offiziell in Kraft getreten. Seit Renés Amtsantritt ist knapp ein Jahr vergangen.

Allzu lange zurücklehnen darf er sich allerdings nicht, denn das Anwaltskollegium kündigt sofort an, Rekurs einzulegen. Welch ein Wunder. Die Ley Blattmann würde großes Chaos stiften, befürchten die Anwälte, sie sprechen von einem »Rückfall in das Zeitalter der Barbarei«, dem Staat sei durch die Ley nicht gedient, den Individuen ebenfalls nicht. Sie berufen sich auf die bisherige Rechtspraxis, die unerlässlich sei, um das soziale und öffentliche Interesse zu gewährleisten und aufrechtzuerhalten. René hat ihre Argumente längst durchschaut, weiß er doch nur zu gut, dass es ihnen

EL DIARIO

MARTES 20 DE DICIEMBRE DE 1994

Ley 1602 o "Ley Blattman"

El texto completo de la Ley 1602, promulgada hoy por el presidente Gonzalo Sánchez de Lozada, es el siguiente:

Art. 1.- (Libertad de cumplimiento de condena). Todo condenado en proceso penal, cumplida que sea su pena, será puesto en inmediata libertad, no obstante estar pendiente el resarcimiento del daño civil y las costas del proceso.

Estas responsabilidades podrán hacerse efectivas únicamente sobre el patrimonio del responsable, por los sujetos legitimados para este efecto y mediante el procedimiento establecido por Ley.

Art. 2.- (Cómputo o liquidación de pena). Ejecutoriada la sentencia de condena, el juez de la causas, de oficio y bajo su responsabilidad, dentro de los tres días siguientes, dispondrá el cómputo o liquidación de la pena.

Este cómputo será observable por las partes y el Ministerio Público en un plazo máximo de 48 horas, en lo que hace estrictamente al cálculo y su corrección. La observación será resuelta por el Juez en un plazo no mayor de 48 horas.

Art. 3.- (Mandamiento de libertad). I. El juez de la causa, una vez practicado el cómputo o liquidación de pena y cumplida la condena, sin más trámite librará el mandamiento de libertad.

II. El autto que disponga la libertad no será susceptible de recurso alguno.

Art. 4.- (Garantía constitucional). Si habiéndose cumplido el tiempo de condena, la resolución del juez no se ajustare a lo previsto por esta ley, el interesado podrá hacer uso de los recursos constitucionales en resguardo de sus derechos.

Art. 5.- (Interrupción de la prescripción). El ejercicio de la acción penal es causa de la interrupción de la prescripción de la responsabilidad civil emergente de hechos ilícitos tipificados como delitos.

Art. 6.- (Abolición del apremio corporal). En los casos de obligaciones de naturaleza patrimonial, el cumplimiento forzoso de las mismas podrá hacerse efectivo únicamente sobre el patrimonio del o de los sujetos responsables, sin que en ninguno de los siguientes casos sea procedente el apremio corporal del deudor.

Responsabilidad civil derivada de la comisión de hechos ilícitos tipificados como delitos Arts. 334, 335 y 352 del Código de Procedimiento Penal.

Obligaciones fiscales Arts. 17, 25 y 26 del Decreto Ley No. 14933 de 29 de septiembre de 1977 sobre Procedimiento Coactivo Fiscal, elevado a rango de ley por la Ley No. 1178 de 20 de julio de 1990. Obligaciones tributarias Art. 308 inciso 5) del Código Tributario.

Honorarios profesionales de abogado Arts. 77 y 80 del Decreto No. 16793 de 19 de julio de 1979. Multas electorales Art. 207, segundo párrafo de la Ley Electoral. Arresto de los padres por obligaciones emergentes de hechos ilícitos cometidos por sus hijos menores de 16 años Art. 207 del Código del Menor.

Obligaciones por confección de testimonios y por timbres de certificados de depósitos judiciales Arts. 242 y 258 numeral 4 del Código de Procedimiento Civil. Mandamientos de aprehensión Art. 157 numeral 4 de la Ley de Organización Judicial.

Art. 7.- (Garantías patrimoniales). Los créditos emergentes de obligaciones contenidas en las disposiciones materia de la presente ley, para su ejecución gozarán de las garantías patrimoniales de los derechos establecidos por el Código Civil, así como de las medidas precautorias y sanciones pecuniarias previstas en el Código de Procedimiento Civil, sin perjuicio de las específicamente dispuestas en sus respectivos ordenamientos legales.

Art. 8.- (Exenciones por pago de derechos). Las entidades del Estado que persigan la recuperación de sus créditos quedan exentas del pago de tasas o derechos establecidos para los registros públicos nacionales departamentales y municipales, así como de valores judiciales.

Esta exención también beneficiará a los titulares de créditos provenientes de obligaciones concernientes a la seguridad social, beneficios sociales y otros derechos laborales.

Art. 9.- (Responsabilidad de funcionarios). Las autoridades judiciales y administrativas que obraren en contra de lo dispuesto por esta Ley, incurrirán en responsabilidad penal de acuerdo a lo dispuesto por los Arts. 154, 177, 184 y 292 inc. 1) del Código Penal, sin perjuicio de responsabilidades de otra naturaleza que pudieran corresponder.

Art. 10.- (Defensa Pública). Es función y obligación del Ministerio de Justicia a través de la Defensa Pública, intervenir de oficio en favor de aquellas personas que no cuenten con recursos suficientes para contratar un abogado defensor, en todos los casos y ante cualquier tribunal o instancia donde sea procedente la concesión de los beneficios previstos por la presente ley, sin necesidad de acreditar mandato.

Art. 11.- (Apremio en materia de asistencia familiar). I. El apremio previsto por el párrafo tercero del Art. 149 del Código de Familia podrá ser ordenado únicamente por el juez que conozca la petición de asistencia, no pudiendo exceder del plazo máximo de 6 meses, vencido el cual será puesto en libertad sin necesidad de constituir fianza con el solo compromiso juramentado de cumplir la obligación.

II. Ordenada la libertad prevista en el parágrafo anterior, el juez podrá disponer nuevo apremio contra el obligado cuando transcurridos 6 meses desde su puesta en libertad nó hubiere satisfecho el pago de las pensiones adeudadas.

Art. 12.- (Apremio en materia de Seguridad Social y Sustancias Laborales). Igual tratamiento que en el anterior artículo merecerá el apremio previsto por el Código Procesal del Trabajo y las Leyes relativas a Seguridad Social.

Art. 13.- (Derogaciones). I. Se derogan los Arts. 334 y 335 del Código de Procedimiento Penal; Art. 207 segundo párrafo de la Ley Electoral; Art. 207 del Código del Menor; Art. 26 del Decreto Ley 14933 de 29 de septiembre de 1977 sobre Procedimiento Coactivo Fiscal, elevado a rango de ley por la Ley No. 1178 de 20 de julio de 1990 y Art. 157 a) numeral 4 de la Ley de Organización Judicial.

II. Se deja sin efecto el apremio corporal como consecuencia de la aplicación de los siguientes Arts.: 352 del Código de Procedimiento Penal; Arts. 242 y 258 numeral 4) del Código de Procedimiento Civil; Arts. 77 y 80 del Decreto Ley 16793 de 19 de julio de 1979 sobre honorarios profesionales.

También el Art. 308 inc. 5) del Código Tributario; Arts. 17 y 25 del Decreto Ley 14933 de 29 de septiembre de 1977 sobre procedimiento coactivo fiscal, elevado a rango de ley por la Ley 1178 de 20 de julio de 1990.

III. Se modifica el párrafo tercero del Art. 149 del Código de Familia en los términos del Art. 11 de la presente ley.

ARTICULO TRANSITORIO

I. La presente Ley se aplicará también en favor de aquellas personas que al momento de su entrada en vigencia se encontraren apremiadas corporalmente.

II. El procedimiento previsto en el Art. 3 se aplicará en favor de todo condenado que ya hubiere cumplido el tiempo de condena al momento de la entrada en vigencia de esta Ley.

52

Mural zu Ehren Renés mit Batman-Anspielung

nur um das Geld geht und nicht um das gesellschaftliche Gefüge, und dennoch sieht er sich gezwungen, sich ein weiteres Mal zu verteidigen. Er legt den Anwälten dar, wie das Justizsystem elementare Menschenrechte verletzt, wie es gegen diverse internationale Abkommen, denen Bolivien einst beigetreten war, verstößt. Er wird nicht müde, jedes einzelne Gegenargument der Anwälte zu entkräften. Das Justizministerium bleibt standhaft, zu sehr haben sich seine Mitarbeiter die letzten Wochen und Monate reingekniet und dafür gerungen, als dass man sich nun von einem Anwaltskollegium unterkriegen lassen würde. Und siehe da, allmählich gibt dieses kleinlaut bei, der Aufschrei verstummt. René behält die Oberhand.

Damit auch wirklich alle Bürgerinnen und Bürger begreifen, dass die Ley Blattmann keine Zeitungsente ist und ihre Verwandten und Bekannten demnächst freikommen, haben die Zeitungen den dreiseitigen Gesetzestext gleich mitgedruckt. Tausende von Fotokopien der Ley kleben nun an Hauswänden und Straßenlaternen, an Rollläden und an Schaufenstern, an den Bushaltestellen. Anstelle der kommerziellen Werbeplakate mit den amerikanischen Stars und Sternchen sind im ganzen Land nun diese simplen, unscheinbaren, schwarz auf weiß gedruckten Kopien der Ley Nr. 1602 zu sehen. Die Medien werden nicht müde, über René zu berichten, über den Justizminister und seinen glorreichen Kampf gegen die Ungerechtigkeit. Die einen nennen ihn den Robin Hood Boliviens, andere erlauben sich ein Wortspiel mit seinem Nachnamen. Rulo Vali, ein renommierter Karikaturist für diverse Tageszeitungen, nennt ihn in seinen Zeichnungen »Batman«, René ist nun ein Superheld, der vielen bolivianischen

Menschen das wohl schönste Weihnachtsfest ihres Lebens beschert hat. In einer von Valis Karikaturen läuft ein kleines Mädchen mit ihrer Mutter eine Straße entlang, als sie neben ihr plötzlich Batman erblickt, samt Umhang, Maske und dem berühmten Fledermaus-Abzeichen. Ganz aufgeregt zeigt das Mädchen auf ihn. »Mami, Mami, ich möchte ein Kostüm wie dieses ... das Kostüm des Justizministers!«

Renés Popularität ist derart groß, dass ihn die Menschen auf den Straßen grüßen, als wäre er selbst ein Staatspräsident. Wenn er in einem Lebensmittelladen einen Einkauf tätigt und seinen Nachnamen auf einen Scheck schreibt, macht das Gegenüber an der Kasse jeweils ganz große Augen und strahlt. »Blattmann! So heißt unser Justizminister! Sind Sie etwa verwandt mit ihm?« Dass auch er auf alltägliche Waren angewiesen ist und sich diese selbst besorgt, entbehrt manch einem seiner Vorstellungskraft. Andere fragen ihn, ob er mit der Ley Blattmann verwandt sei. Seine Ley scheint innerhalb der Bevölkerung zu etwas Größerem geworden zu sein, es erlebt eine gewisse Personifikation, derart viel ist über sie berichtet worden. René lacht dann meist verlegen und nickt. Als er eines Tages in Santa Cruz de la Sierra in einem Taxi unterwegs ist und am Ende der Fahrt bezahlen will, schaut ihn der junge Fahrer ungläubig an. René streckt ihm die Geldnoten entgegen, doch der Fahrer erwidert: »Ich weiß, wer Sie sind. Sie haben so viel für unser Land getan. Wie könnte ich nur etwas verlangen?« In den Gazetten mehren sich die Kleininserate, die Leserinnen und Leser mit ihrem mühsam verdienten Geld kaufen, nicht, um ihre Geschäfte zu bewerben, sondern um René zu danken: »Dr. Blattmann, Que Dios lo bendiga«, steht auf einer anonymen Kleinanzeige vom 25. Dezember 1994, »Gott möge Sie segnen« [→ S. 7]. Für etliche bolivianische Familien ist es die erste gemeinsame Weihnacht seit vielen Jahren, und sie wollen ihn spüren lassen, welch großes Geschenk er ihnen gemacht hat.

»Du bist ein Volksheld geworden, nicht wahr?«
Er grinst verschmitzt.

»Wir wollen den Menschen im Bösewicht retten, anstatt ihn vollends umzubringen«, hat Goni anlässlich der Feierlichkeiten am 15. Dezember gesagt. Eine erste Rettung ist nun geglückt, und für René ist das Genugtuung und Ansporn zugleich. Eine Gefängnisstrafe darf keine Antwort auf die Armut eines Menschen sein, sie darf einzig und allein dessen Delikt ahnden. Diesen während Jahrhunderten ignorierten Grundsatz gilt es nun zu festigen, den Schwung gilt es jetzt mitzunehmen. Sie sind noch lange nicht am Ziel.

Eines der größten Probleme, denen sich René nach wie vor stellen muss, ist die *Defensa Pública,* die Pflichtverteidigung, oder besser gesagt deren Inexistenz. Den meisten beschuldigten Personen wird der Zugang zu einem Rechtsbeistand verwehrt, indem er schlicht zu teuer ist und selbst dann den finanziellen Ruin bedeuten würde, wenn er tatsächlich die Freiheit erwirkt hätte. Folglich ist davon auszugehen, dass in den bolivianischen Gefängnissen eine große Anzahl Unschuldiger sitzt. Ihnen will sich René nicht verschließen. In Artikel 10 der Ley Blattmann hat er festgehalten, dass es Aufgabe des Justizministeriums ist, für diejenigen Personen einzutreten, die nicht über ausreichende Mittel zur Beauftragung eines Verteidigers verfügen, und dieser Pflicht gilt es nun nachzukommen. Im Juli 1995 implementiert Goni per Dekret das *Programa de la Defensa Pública,* und im Rahmen dessen heuert René 59 Juristinnen und Juristen an, die sich auf 31 Büros in allen neun *Departamentos* verteilen. Die Anwälte vertreten nun die Bedürftigsten Boliviens in ihren Verhandlungen, und zwar kostenlos. Sie achten darauf, dass die Richter und Staatsanwälte die Prozessordnung respektieren, dass sie keine zwielichtigen Abmachungen treffen, dass ihre Mandanten eine faire Chance erhalten und ihr sozialer Status dabei keine Rolle spielt. Sie sind bei polizeilichen Befragungen anwesend und stellen sicher, dass die Beschuldigten ihre Rechte kennen, sie besuchen diese dreimal wöchentlich im Gefängnis, kümmern sich um die ganzen Formalitäten und treffen wichtige Entscheidungen in ihrem Namen.

Naturgemäß stoßen die jungen Anwälte erst mal auf große Ablehnung, in den Gerichtssälen werden sie als Störenfriede erachtet. Die korrupte Polizei tut ihre Ablehnung öffentlich kund, und die Richter verstehen die Rolle der Pflichtverteidiger nicht richtig, ihnen fehlt das Fachwissen dafür, oder sie haben in der Vergangenheit schlicht noch nie mit einem von ihnen zu tun gehabt. Hinzu kommt, dass die meisten Anwälte noch sehr jung sind. Sie haben erst kürzlich ihr Studium beendet, das Anwaltspatent gemacht und erste Berufserfahrung gesammelt, und so werden sie belächelt und kaum ernst genommen. Beeindrucken lassen sie sich davon nicht, im Gegenteil. Der Gedanke, eine derart neue und einzigartige Institution in einem veralteten System vertreten zu dürfen und Teil eines großen Wan-

ULTIMA HORA

JUEVES 22 DE DICIEMBRE DE 1994

HUMOR

Das Programa de la Defensa Pública wird im Juli 1995 per Dekret des Präsidenten implementiert.

dels zu sein, motiviert sie bis in die Haarspitzen. Sie wissen, dass sie das Gesetz und die Verfassung auf ihrer Seite haben, und sollte sie einmal Zweifel beschleichen, so können sie René jederzeit um Rat fragen. Als die Richter und Staatsanwälte zu bemerken beginnen, welch gute Arbeit sie alle leisten, lässt die Abneigung allmählich nach. Nach einer gefühlten Ewigkeit schwenkt sie gar in Respekt um, und so verdienen sich die Pflichtverteidiger schließlich einen Spitznamen, angelehnt an jenen ihres Mentors. Batmans »Robins« werden sie genannt, sie, die dafür sorgen, dass Tausende Beschuldigte freigesprochen oder zumindest zu adäquaten Haftstrafen verurteilt werden.

Das Programm wird zum Rückgrat des Justizministeriums. Beim Umsetzen von Renés Reformen sollten die Pflichtverteidiger eine fundamentale Rolle einnehmen, und das ist bei Weitem keine Selbstverständlichkeit. Zu Beginn hätten wohl die wenigsten damit gerechnet, dass sie dermaßen viel bewirken und umsetzen können. Es ist ein Erfolg, den sie sich alle hart erarbeitet haben, der ihnen viel abverlangt hat. In einer bestimmten Region ganz besonders.

- René, wohin fährst du?
- Ich muss in den Chapare, Godofredo besuchen.
- Aber dort ist es doch so gefährlich, nicht?
- Ach, nicht doch, mach dir keine Sorgen.
- Gut, dann komm ich mit.
- Nein, Schatz, besser nicht.
- Aber du hast doch grad gesagt, dass es nicht gefährlich ist ...

Marianne hat ihn durchschaut. Im Chapare ist alles möglich. René ist auf dem Weg nach Chimoré, zusammen mit ihr, die dann doch mitgekommen ist, und einem Polizisten, als er den Geländewagen sichtet. Es ist ein Toyota Land Cruiser, und der fährt direkt auf sie zu. Sie befinden sich auf einer abgelegenen Landstraße, die hin zum Städtchen führt, wo Godofredo Reinicke sie bereits erwartet. Der Weg ist zu schmal, als dass sich zwei Autos passieren könnten, und so sind sie gezwungen anzuhalten. René schaut den Polizisten neben sich an, und dessen Unbehagen steht ihm ins Gesicht geschrieben. Ein paar Meter vor ihnen kommt der Toyota zum Stehen, der Motor verstummt. Sie könnten höchstens noch rückwärts fahren, doch dafür ist es jetzt zu spät. Ein Mann ist bereits ausgestiegen. Langsamen Schrittes kommt er auf sie zu. »Verflixt, schaut nur, wer das ist«, sagt der Polizist. Jetzt erkennt ihn auch René. »Das gibt's doch nicht«, denkt er. Er lässt die Fensterscheibe runter, und alsbald steht der Mann neben ihm und schaut in den Wagen hinein. »Señor Ministro. Was machen Sie hier in meinen Ländern?«

Dem höchsten Cocabauern Boliviens schlägt man keinen Wunsch ab, wenn man sich in seinem Hinterhof befindet. Evo Morales besteht darauf, René in eine kleine *Comunidad* im Chapare zu »entführen«, die fast ausschließlich von armen *Cocaleros* bewohnt wird. René ist die Einladung nicht ganz geheuer, er kann sich nicht so richtig vorstellen, was ihn dort erwarten wird, und eigentlich hat er sich mit Reinicke verabredet. Doch das muss jetzt wohl warten. So folgen sie Morales in ihrem Auto, und als sie ankommen, verfliegen Renés Zweifel schnell. Von den Bewohnern werden sie herzlich begrüßt, sie halten eine wahre Zeremonie ab und überreichen den Gästen diverse Geschenke, darunter einen traditionellen Kranz aus Cocablättern, der Glück bringen soll. Sie signalisieren, dass sie keine bösen Absichten hegen, dass sie ihnen wohlgesinnt sind. Ein solcher Empfang wäre vor wenigen Jahren noch undenkbar gewesen. Das Verhältnis zwischen den *Cocaleros* und den vorherigen Regierungen war stark zerrüttet, die Menschen im Chapare hatten jegliches Vertrauen in die Institutionen verloren. Sie fühlten sich vom Staat im Stich gelassen und unterdrückt, zu oft waren ihre Bürgerrechte verletzt worden, doch davon ist jetzt nichts mehr zu spüren, im Gegenteil. Sie mögen ihn, den Justizminister. Er, Reinicke und die *Defensa Pública* haben gute Arbeit geleistet, die *Chaparenses* schätzen die neuen Institutionen und ihre Präsenz. Die meisten Mängel der Ley 1008 konnten behoben werden, die Repressionen haben abgenommen. Ein gewisses Vertrauen ist wieder da. Morales gibt René zu verstehen, dass er ihn respektiert, er hat zur Kenntnis genommen, wie seine Leute nun behandelt werden. Und der Respekt ist gegenseitig. Morales ist ein kluger, charismatischer Anführer, als oberster Gewerkschafter genießt er in der breiten indigenen Bevölkerung große Popularität. Aus Evo Morales, so denkt sich René, könnte einst ein zweiter Nelson Mandela werden.

Die Situation der Bürger im Chapare hat sich stark verbessert. Einen wüsten Schandfleck, der auch sie betrifft, muss das Justizministerium aber erst noch beseitigen. Ganze neun von zehn Gefangenen stecken nach wie vor in Untersuchungshaft. Nur schon aus rein ethischer Sicht sollte ein Freiheitsentzug ohne eine klare Verurteilung kritisch beäugt werden, und spätestens, wenn sich dieser auch noch in die Länge zieht, weil die Gerichte nicht vorwärtsmachen, müssen Lösungen her. Den Familien der Beschuldigten fehlt durch deren Absenz oft eine überlebenswichtige Einkommensquelle, wodurch weitere kriminelle Aktivitäten gefördert werden. Dies wiederum strapaziert das System zusätzlich, und mit ihm auch die Gefängnisse. René erkennt, dass es eine Entlastung braucht, dass es mehr Sinn macht, wenn die Beschuldigten ihren Prozess außerhalb der Gefängnismauern abwarten. Und so führt er die Option auf eine kostenlose eidesstattliche Erklärung ein, mit der sich die Beschuldigten verpflichten, künftige Gerichtstermine wahrzunehmen. Mit seinem Ministerium verfasst er die Ley Nr. 1685, das »Gesetz zur eidesstattlichen Erklärung gegen die Verzögerung der Strafverfolgung«. In insgesamt 22 Artikeln regelt es, unter welchen Bedingungen Beschuldigte vorläufig in Freiheit entlassen werden müssen und ab wann eine Weiterführung der Untersuchungshaft gerechtfertigt ist.

Im weitesten Sinne verfolgt die Ley Nr. 1685 die Absicht, die Unschuldsvermutung wieder zu stärken, einen Verfassungsgrundsatz, der bisher arg mit Füßen getreten wurde, auch von der Ley 1008. Aus diesem Grund erlegt René den Behörden angemessene Fristen auf, die sie für die Abwicklung ihrer Prozesse zu respektieren haben. So muss jede festgenommene Person innert 48 Stunden dem zuständigen Richter vorgeführt werden, auch wenn die polizeilichen Ermittlungen noch laufen. Der Richter hat dann maximal 24 Stunden Zeit, eine Entscheidung zu treffen. Bei Mangel an Beweisen ist der Beschuldigte unverzüglich freizu-

ULTIMA HORA

VIERNES 16 DE DICIEMBRE DE 1994

De promulgarse Ley Blattmann:

Cerca a 350 reclusos recuperarán libertad antes de fin de año

Página 9

(Dt.: Ley Blattmann wird verabschiedet:
Etwa 350 Häftlinge werden bis
Ende des Jahres entlassen)

lassen und muss dafür einzig eine eidesstattliche Erklärung unterschreiben. Eine Fortführung der Untersuchungshaft hingegen ist dann rechtens, wenn der Verdacht besteht, dass er flüchten, die Ermittlungen sabotieren oder gar weitere Straftaten begehen wird. Innerhalb von 160 Tagen müssen dann die Voruntersuchungen abgeschlossen sein, ansonsten darf er nach Unterschrift der Erklärung wieder freikommen. Für das Fällen eines erstinstanzlichen Urteils haben die Gerichte insgesamt 18 Monate Zeit, versäumen sie diese Frist, kommt die beschuldigte Person ebenfalls frei. Nebst all diesen Regelungen bestimmt die Ley zudem den Umgang mit minderjährigen Gefangenen, denn die hat man bisher, ungeachtet ihres Alters, genauso eingesperrt. In Artikel 5 steht folglich: »Die Leiter von Gefängnissen oder Haftanstalten sowie die Beamten der Staatsanwaltschaft, der öffentliche Verteidigungsdienst oder die Jugendbehörde, die den Verdacht haben, dass ein Minderjähriger unter 16 Jahren festgehalten wird, bringen dies unverzüglich dem Jugendrichter zur Kenntnis, der nach Überprüfung des Alters des Minderjährigen die erforderlichen Vormundschaftsmaßnahmen anordnet.«

Die Ley Nr. 1685 stößt auf wenig Widerstand, anfangs Februar 1996 wird sie vom Kongress angenommen und in Kraft gesetzt. Zirka 2500 Gefangene kommen unverzüglich frei, rund zwei Drittel davon sind von Renés Pflichtverteidigern betreut worden. Der Anteil der Häftlinge in Untersuchungshaft fällt bis Ende Jahr von 91 auf unter 35 Prozent, in Lateinamerika verzeichnet diesbezüglich nur Costa Rica eine tiefere Quote. Lobenswerte Zahlen sind das, die René und seinen Leuten vor Augen führen, welche wichtige Arbeit sie leisten. Zahlen, die Mut machen, die beflügeln. Und so folgen weitere Gesetze, weitere Dekrete und Projekte, im Strafrecht wie auch in den Bereichen des Zivil- und Verfassungsrechts. Unterstützt wird René dabei nicht zuletzt von Günter Stratenwerth, seinem Professor aus Basler Zeiten, der für sechs Wochen nach La Paz reist und seinen ehemaligen Studenten in spezifischen Strafrechtsfragen berät. Zu Professor Stratenwerth hat er über all die Jahre eine herzliche Beziehung aufrechterhalten, genauso wie zu vielen anderen Verwandten und Bekannten, die in der Schweiz leben. Deshalb freut es ihn besonders, dass er die Schweizer Regierung für seine Reformen begeistern kann. Im Frühling 1996 schließt er in La Paz einen dreijährigen Bilateralvertrag mit der Direktion für Entwicklung und Zusammenarbeit (DEZA) ab, der Bund unterstützt ein Förderprogramm der Pflichtverteidigung in ländlichen Gebieten, auch im Chapare, mit 600 000 Schweizer Franken. Mit dieser Summe kann die *Defensa Pública* jährlich bis zu 750 Rechtsfälle zusätzlich bearbeiten.

Noch vor der Vertragsunterzeichnung reist René selbst in die Schweiz, zusammen mit Marianne und den Kindern. Die zweiwöchigen Weihnachtsferien verbringt die Familie Blattmann gelegentlich in Basel bei Verwandten, und an einem verschneiten Januartag leiht er sich ein Auto und fährt nach Bern. Im Rahmen eines Staatsbesuchs, koordiniert durch die Schweizer Botschaft in Bolivien, trifft sich René mit Bundesrat Arnold Koller, dem Vorsitzenden des Eidgenössischen Justiz- und Polizeidepartements. Koller bekundet großes Interesse an der Arbeit seines Amtskollegen fernab der Schweiz, er hört Renés Ausführungen gespannt zu, stellt immer wieder Fragen. Und dann, gegen

v.l.n.r.: Bernardo Wayar (Vize-Justizminister),
René, Günter Stratenwerth

Schluss des Gesprächs angelangt, muss er ihm etwas gestehen. »Wissen Sie, Herr Kollege, ein Stück weit beneide ich Sie«, sagt Koller mit einem Augenzwinkern. »Bist du dir da sicher?«, denkt sich René. »Hierzulande ist schon alles getan«, fährt der Bundesrat fort. »Alles ist perfekt, alles läuft. Aber Sie, Sie können sich in Bolivien vollends austoben.«

Arnold Koller ist nicht der Einzige, der neugierig geworden ist. Die Anzahl ausländischer Regierungen, die sich beim bolivianischen Justizministerium melden, wird immer größer, sie laden René auf einen Staatsbesuch ein oder schicken ihre eigenen Vertreter nach La Paz. Mehrheitlich lateinamerikanische Länder sind es, die wissen wollen, wie er es angestellt hat, einen derart umfassenden Wandel zu vollziehen, und sich nun Ratschläge von ihm erhoffen, denn ihre eigenen Rechtssysteme weisen in vielen Belangen ebenfalls erhebliche Mängel auf. Für René bietet sich dadurch die Chance, der Welt seine Reformen vorzustellen. Und die Welt dankt es ihm mit einmaligen Erlebnissen zurück.

In der kubanischen Hauptstadt Havanna trifft er sich 1996 mit seinem Amtskollegen Carlos Amat Forés, um sich über mögliche Justizreformen für den karibischen Inselstaat auszutauschen. Die fünftägige Reise dorthin sollte René tief beeindrucken, denn Kuba befindet sich zu dieser Zeit in der sogenannten »Sonderperiode«. Was Erdöl- und Nahrungslieferungen anbelangt, so war das kommunistische Land, das seit 1959 von Fidel Castro regiert wird, während des Kalten Kriegs stark von der Sowjetunion abhängig, und als diese

1991 zerfiel, stürzte Kuba in eine große wirtschaftliche Krise. Die Embargos der Vereinigten Staaten haben ihr Übriges getan, und so hat der Staat einen Niedergang erlebt, der erst Anfang der 2000er-Jahre allmählich aufgefangen werden sollte. Die Insel ist während des gesamten Jahrzehnts praktisch komplett isoliert, der Tourismus bricht zusammen, die Einheimischen müssen plötzlich neue Essgewohnheiten entwickeln. Ihre Nahrung ist stark rationiert und besteht mehrheitlich nur noch aus Bohnen und Reis. Als René eine Apotheke in Havanna aufsucht, um sich ein Medikament zu besorgen, kommt er mit einer afro-kubanischen Angestellten ins Gespräch. Die Apothekerin erzählt ihm, wie sie unter einer anderen Regierung aufgrund ihrer Hautfarbe niemals eine solche Arbeitsstelle bekommen hätte. Natürlich mache die Bevölkerung aktuell eine schwierige Phase durch, so die Frau. Doch früher sei nicht zwingend alles besser gewesen. Fidel Castro habe ihnen etwas gegeben, was das Volk unter den vorherigen Führern vermisst habe. »Er hat uns Würde gegeben«, sagt die Apothekerin.

Im Anschluss an den Staatsbesuch in Kuba reist René direkt weiter nach Haiti. Hier wird er sich mit dem haitianischen Staatspräsidenten und Namensvetter René Préval treffen, und im Anschluss ist ein Seminar geplant, das er gemeinsam mit einem seiner Vize-Justizminister leiten wird, mit Bernardo Wayar, der zunächst in Bolivien geblieben ist und nun direkt von La Paz aus nach Haiti fliegt. Nachdem René in der Hauptstadt Port-au-Prince gelandet ist, passiert er die Einreisekontrolle und holt sein Gepäck, dann wartet er auf eine Delegation des haitianischen Justizministeriums, die ihn, wie abgemacht, abholen würde. Doch erscheinen tut niemand. René wartet eine gefühlte Ewigkeit am Flughafen, ganz offensichtlich ist er vergessen gegangen. Das kann doch nicht sein, denkt er sich, immerhin will ihn niemand Geringerer als der Präsident persönlich treffen, und so fragt er schließlich bei einem Zöllner nach, ob denn jemand unterwegs sei. Der Zöllner verneint. »Die sind gerade alle damit beschäftigt, den Justizminister von Bolivien zu empfangen.« In diesem Augenblick klingelt Renés Telefon. »Ministro, wo stecken Sie?« Es ist Bernardo, sein Vize, der mittlerweile auch gelandet ist, aber auf einem anderen Flughafen. »Sie werden nicht glauben, wie die mich empfangen haben! Mit Marschmusik, rotem Teppich und einer schwarzen Limousine. Sogar eine Militärformation hat's gegeben!«

Schließlich wird René doch noch am Flughafen abgeholt. Mit einer Staatslimousine wird er zum Präsidenten gefahren, in Begleitung des haitianischen Justizministers, und dabei wird ihm vor Augen geführt, welch große Unterschiede in Bezug auf Sicherheitsfragen und Gewaltpotenzial innerhalb des Kontinents herrschen. Sein haitianischer Amtskollege nimmt auf dem Rücksitz des Wagens neben ihm Platz, und dabei fällt ihm aus Versehen seine Dienstwaffe aus dem Holster. »Verzeihen Sie«, sagt er ganz salopp, als wäre nichts geschehen, während René für einen kurzen Moment erstarrt. In Bolivien muss er sich nie wirklich Sorgen um seinen Schutz machen, wenn er sich in der Öffentlichkeit aufhält. Das Tragen einer Pistole ist für ihn nie infrage gekommen, doch in Haiti wäre es fahrlässig, als ranghohes Mitglied der Regierung unbewaffnet unterwegs zu sein. Und der Karibikstaat ist hierbei eher die Regel als die Ausnahme.

Ein paar Monate später landet René am Flughafen von Bogotá, Kolumbien, zusammen mit Carlos Alarcón, einem weiteren seiner Vize-Justizminister. Als die beiden aus dem Flieger steigen, werden sie von einer Delegierten der kolumbianischen Regierung und zwei Agenten, die mit Maschinengewehren bewaffnet sind, zu einem Wagen eskortiert. René und Carlitos, wie er seinen Vize nennt, nehmen auf der Rückbank Platz, der Fahrer und einer der Agenten sitzen vorne, getrennt durch eine undurchsichtige Plexiglaswand. Es ist schon spätabends, und so verlassen sie zügig den Flughafen und fahren ins Zentrum Bogotás. Das Auto, ganz im Gegensatz zur Limousine in Port-au-Prince, ist nirgends durch eine Staatsflagge oder sonst einem Emblem gekennzeichnet, was Carlitos ein wenig suspekt vorkommt, genauso wie der Agent auf dem Vordersitz. »Ministro, glauben Sie, der da vorne ist wirklich einer von der Regierung? Der trägt keine Uniform, keine Dienstmarke, nichts. Der hat ganz normale Kleidung an.« René will sich nicht weiter auf Carlitos' Überlegungen einlassen, es muss bestimmt einen Grund für all das geben. Wahrscheinlich wollen sich die Beamten der kolumbianischen Regierung möglichst unkenntlich machen, um unbeschadet von einem Ort zum anderen zu gelangen. Die Vergangenheit hat sie wohl gelehrt, dass dies in ihrem Land keine Selbstverständlichkeit ist. Der Regierung ist im Dezember 1993 mit der Erschießung von Drogenbaron Pablo Escobar zwar ein großer und wichtiger Schlag gegen das organisierte Verbrechen gelungen, denn Escobar hat das Land mit seinem Kartell, zu seinen Blütezeiten das wohl mächtigste der Welt, und mit etlichen Bombenattentaten über ein Jahrzehnt hinweg in Atem gehalten. Doch sein Untergang sollte vorerst keine Reduktion der Gewalt bedeuten, viele kleinere Kartelle haben das Vakuum gefüllt. Kolumbien gilt auch drei Jahre später immer noch als eines der gefährlichsten Länder Südamerikas.

Carlitos kann sich diesem Gedanken nicht entziehen, als der Wagen an einer Straßenkreuzung hält und auf der linken Nebenspur plötzlich ein Motorrad auftaucht, und kurz darauf ein zweites auf der rechten Seite. Beide halten auf Höhe des Wagens. »Ministro, ich hab's Ihnen gleich gesagt. Das ist ein Überfall!« René versucht, ruhig zu bleiben. Lass dich jetzt nur nicht von Carlitos anstecken, sagt er sich, denk positiv. Bestimmt wird alles gut. Und tatsächlich, letzten Endes kommen sie ohne Probleme in ihrem Hotel an, sehr zur Erleichterung Carlitos' und irgendwie auch zu seiner eigenen. Gelöst gehen sie schlafen. Am nächsten Morgen erwartet sie bereits Néstor Humberto Martínez, der kolumbianische Justizminister, und schon wieder sollten sie ein Gefühl dafür bekommen, wie gefährlich Kolumbien wirklich sein kann. Begleitet von zwei bewaffneten Agenten, gehen René und Carlitos eine Straße in Bogotá entlang, als einer der Agenten plötzlich auf René zukommt. »Würden Sie Ihrem Kollegen bitte sagen, er solle dicht neben mir herlaufen?« René nickt gehorsam, obwohl er nicht wirklich versteht, was das zu bedeuten hat. Der Agent spürt dies. »Wissen Sie, Señor Ministro, Ihr Kollege steht in meiner Schusslinie.«

Renés Reisen sollten viel bewirken, für ihn selbst genauso wie für Abertausende Menschen. Als Boliviens Justizminister sollte er sein Land zu einem Vorzeigemodell machen und vielen anderen Rechtsreformen den Weg ebnen. Die »Basler Zeitung« nennt ihn infolgedessen einen »herausragenden Verfechter der Menschenrechte in Lateinamerika«, doch sein Aktionsradius beschränkt sich nicht nur auf seinen Heimatkontinent. In Tokio heißen ihn Regierungsvertreter von Japans Premierminister Murayama Tomiichi willkommen, während rund zwei Wochen reist René quer durch das ostasiatische Land und besucht verschiedene Rechtsinstitutionen, er berät sich mit Anwaltsgremien und hält mehrere Konferenzen ab. Im Schloss Bellevue in Berlin empfängt ihn der deutsche Bundespräsident Roman Herzog, nachdem sein Staatsbesuch in der ARD mit einer Reportage über ihn groß angekündigt wurde. So grüßt ihn tags darauf im KaDeWe, dem wohl bekanntesten Kaufhaus Deutschlands, ganz frenetisch ein deutsches Ehepaar, das ihn aus dem Fernsehen wiedererkennt. »Das ist ja wie in Bolivien«, sagt er lächelnd zu Marianne. In Washington, D.C., bespricht er mit Bill Clintons Finanzminister Robert Rubin die Entwicklungshilfe der Amerikaner, letztendlich sind die Vereinigten Staaten bereit, die *Defensa Pública* und die Menschenrechtsbehörde im Chapare nicht nur finanziell, sondern auch durch die Bereitstellung eines eigens für das Bearbeiten von Rechtsfällen entwickelten Computerprogramms zu unterstützen. Die Software ermöglicht den bolivianischen Rechtsinstitutionen, den dringend nötigen digitalen Wandel endlich zu vollziehen und sich von der langsamen und unübersichtlichen Papierbürokratie zu verabschieden. Die einzelnen Fälle werden nun effizienter abgewickelt, die verbindlichen Fristen, wie sie von der Ley Nr. 1685 vorgesehen sind, können viel einfacher eingehalten werden. Es hat gewisse Überzeugungskraft gebraucht, die USA für seine Reformen zu gewinnen,

oben: René mit Bundespräsident Roman Herzog in Berlin, Oktober 1996;
unten: René mit US-Finanzminister Robert Rubin

oben: René mit dem argentinischen Justizminister Jorge Luis Maiorano, 1994; unten: Meeting in Italien, Anfang 1990er-Jahre, mit Prinz Charles und natürlich war während der Verhandlungen die Provinz Chapare Gesprächsthema Nummer eins, wegen des Kokains, das seinen Weg en masse in die Staaten findet. Doch zu guter Letzt finden die beiden Parteien einen Konsens, und so tritt am 6. November 1996 denn auch Ley Nr. 1721 in Kraft, ein Auslieferungsabkommen zwischen Bolivien und den Vereinigten Staaten. Mitglieder der Drogenmafia, die im Chapare aufgespürt werden, können nun an die USA übergeben werden, wo ihnen der Prozess gemacht wird und sie ihre Haftstrafe absitzen.

In die USA war René bereits ein Jahr zuvor eingeladen worden, allerdings nicht von der Regierung, sondern von der gemeinnützigen Organisation *Southwestern Legal Foundation.* Diese verleiht ihm 1995 in Dallas, Texas, den »Robert G. Storey International Award«. Robert G. Storey war ein US-amerikanischer Jurist, der vom Supreme Court, dem Obersten Gerichtshof der USA, nach dem Zweiten Weltkrieg mit der Beweisfindung von deutschen Kriegsverbrechen beauftragt wurde und während der Nürnberger Prozesse dem amerikanischen Chefankläger Robert H. Jackson beratend zur Seite stand. Diese große Ehre, die René nun zuteilwird, sollte ihn ein weiteres Mal daran erinnern, dass der lange und mühselige Weg, den er und sein Ministerium knapp zwei Jahre zuvor gemeinsam eingeschlagen haben, nicht umsonst war. Im selben Jahr bekommt René von der Lateinamerikanischen Vereinigung der Menschenrechte den »Monseñor Leonidas Proaño«-Preis überreicht, für seinen »Beitrag zu Frieden, Gerechtigkeit und Menschenrechten«, wie es in der Laudatio heißt. Leonidas Proaño, ein ecuadorianischer Geistlicher, hatte in Südamerika als »Bischof der Indigenen« große Bekanntheit erlangt. Die vermutlich überraschendste Auszeichnung erhält René ausgerechnet von jener Institution, die sich ihm zu Beginn seiner Amtszeit derart quergestellt und ihre Abneigung ihm gegenüber offen kundgetan hatte. Die bolivianische Polizei zeichnet ihn mit dem »Goldenen Emblem« aus. Sie hatte mittlerweile erkannt, dass seine stetigen Bemühungen um eine transparente und gesetzmäßige Polizeiarbeit nicht nur zur Gunst des Volkes, sondern auch zu der ihren war. Drei Jahre später, 1998, wird René von seiner ehemaligen Bildungsstätte gewürdigt. Die Universität Basel ernennt ihn zum Doctor honoris causa, zum Ehrendoktor, und preist ihn als »herausragenden lateinamerikanischen Hüter der Menschheit«, der »vielen Menschen die Freiheit bewahrt und Schutz vor Begierden geboten hat«. Im deutschen Gütersloh nimmt er den renommierten Carl-Bertelsmann-Preis für seine »herausragenden Bemühungen und Beiträge zur Entwicklung der Demokratie und zur Festigung der Rechtsstaatlichkeit« entgegen, einen Tag, nachdem zwei Passagierflugzeuge in das World Trade Center in New York City gesteuert wurden. Vier Jahre später erhält René das Große Verdienstkreuz der Bundesrepublik Deutschland.

Das wohl bedeutsamste Geschenk macht ihm aber keine Stiftung und auch keine Universität, sondern der bolivianische Präsident, der ihn einst um Mitternacht in den *Palacio* bestellt, in einem kleinen Nebenzimmer empfangen und am nächsten Morgen in sein Kabinett berufen hat. Am 21. Juni 1996 unterzeichnet Goni das Dekret Nr. 24320, das besagt, dass eine Immobilie, die früher der bolivianischen Bergbaugesellschaft gehört hat, neu in den Besitz des Justizministeriums übertragen wird. René und seine Leute müssen nun umzie-

René erhält das »Goldene Emblem« vom
bolivianischen Polizeichef, La Paz, 1995

oben: Herzlicher Empfang für René bei dessen Besuch in Totora (Cochabamba); unten: Einweihung des ersten eigenen Gebäudes des Justizministeriums, René mit Goni, Juni 1996 hen, an die Avenida 16 de Julio im Zentrum von La Paz, Hausnummer 1769. Dort steht ein wunderschönes, frisch renoviertes, siebenstöckiges Gebäude im Kolonialstil, mit großen Fenstern und einer orangefarbenen Fassade, auf der in großen Lettern »Ministerio de Justicia« steht. Drei Jahre nach seiner Gründung erhält das Justizministerium endlich jenes Zuhause, das es verdient. Gebührend wird es eingeweiht, schnell wird sich eingelebt. Doch allzu vertraut sollte sich René mit dem Gebäude nicht mehr machen. Dekret Nr. 24320 ist Gonis Abschiedsgeschenk an ihn.

Spiel mit verdeckten Karten

Als sich Renés Vater 1940 von Basel nach Bolivien aufgemacht hatte, um seine Mutter Cristina Oyola zu finden, musste er damit rechnen, dass es zu einem solchen Wiedersehen nicht mehr kommen würde. Doch niemand konnte es René Carlos Blattmann verübeln, dass er es nicht wenigstens versuchte, dass er sich seiner Hoffnung widerstandslos hingab und, durch sie angespornt, die weitesten Wege auf sich nahm, von Basel über Buenos Aires nach Cachuela Esperanza in den bolivianischen Tropen, und von dort schließlich bis nach La Paz, dem Regierungssitz in den hohen Anden. Mutter Cristina aber blieb bis zu seinem Tod verschollen. René Carlos gelang es nicht herauszufinden, was aus ihr geworden war, was allerdings nicht bedeutete, dass es Jahrzehnte später nicht doch noch ans Licht kommen sollte.

René hat in La Paz gerade eine Sitzung mit ein paar seiner Leute des Justizministeriums hinter sich, als seine Sekretärin eines Morgens in sein Büro kommt. Unten im Eingang warte eine Frau aus Brasilien, die behaupte, seine Tante zu sein. Sie wolle ihn dringend sprechen. René versteht nicht recht, doch seine Neugierde ist geweckt. Er bittet die Sekretärin, die Frau hochzuschicken. Wenig später kommt die Brasilianerin in Renés Büro, und dieser versteht plötzlich alles. Die Ähnlichkeit ist verblüffend. »Señor Blattmann, mein Name ist Gisela. Gisela Oyola.«

Cristina Oyola hatte, nachdem sie von Karl Blattmann und dem gemeinsamen Sohn verlassen worden war, wieder geheiratet, und zwar in Brasilien. Emilio Sarde hieß ihr Ehemann, er war Franzose und finanzierte sich sein Leben mit dem Handel von Zigarren und anderen Waren. Emilio machte einst eine Reise quer durch ganz Bolivien, er startete in den Anden im Westen des Landes und zog dann weiter bis hoch in den tropischen Norden, dort, wo er unweit von Cachuela Esperanza schließlich Cristina kennenlernte. In Guayaramerín, unmittelbar an der brasilianischen Grenze gelegen, bauten sie sich zunächst ein neues Leben auf, später siedelte das Paar auf die andere Seite der Grenze um, in deren Zwillingsstadt Guajará-Mirim. Dort kamen alsbald ihre beiden Kinder zur Welt. Gisela und ihr jüngerer Bruder Paulo wuchsen wohlbehütet auf, sie durchlebten eine sorgenfreie Kindheit in Brasilien, waren glücklich. Und doch lastete Cristinas Vergangenheit auf der Familie. Den Verlust ihres ersten Sohnes habe sie nie verkraftet, erzählt Gisela, Mama habe jeden Tag bittere Tränen geweint. Ihr einziger Wunsch sei gewesen, René Carlos ein letztes Mal in den Arm zu nehmen. Ein Wunsch, der unerwidert blieb.

oben: Geschwister Sarde Oyola: Paulo und Gisela; unten: Gisela Sarde Oyola mit René, Titicacasee, 1996

Unter Latinos wird gescherzt, dass Franz Kafka als Realist gelten würde, wenn er auf ihrem Kontinent gelebt hätte. Hier daheim zu sein bedeutet, regelmäßig Zeuge von Geschehnissen zu werden, die sich kaum rational erklären lassen. Es bedeutet, sich in Geschichten wiederzufinden, in denen Glücksgefühle, Vergnügen, Leid und Schmerz ganz nah beieinanderliegen und Hand in Hand gehen. Geschichten, die nicht immer jenes Ende bereithalten, das die Protagonisten zu verdienen glauben. Diese Erfahrung musste auch René schon früh machen. Als Kind liebte er es, mit seiner Lieblingstante Zeit im großen Familienhaus in Sopocachi zu verbringen, Tía Margarita war eine Frohnatur, sie behandelte René, als wäre er ihr eigener Sohn. Gemeinsam verbrachten sie unzählige Stunden am runden Holztisch im Wohnzimmer und philosophierten über Gott und die Welt. Immer wieder erzählte sie René alte Familienanekdoten aus ihrer Kinder- und Jugendzeit in Cochabamba, und so war die Tía für ihren Neffen ein Stück weit auch das Tor in eine vergangene Zeit, die er nur vom Hörensagen kannte. Margaritas große Leidenschaft war aber nicht das Geschichtenerzählen, sondern das Kartenlegen. Mit ihren mystischen Tarotkarten konnte sie die Zukunft all jener Menschen vorhersagen, die um den Holztisch herum saßen und ihr gespannt zusahen, während sie die Karten auslegte, in aller Ruhe, einem ganz spezifischen System folgend. Eines Nachmittags waren ein paar von Renés Klassenkameraden von der Deutschen Schule zu Besuch, und Margarita las die Karten für jedes einzelne der Kinder. Das ging eine Weile recht gut, fasziniert schauten sie der Tía zu und freuten sich über ihre vielversprechenden Prognosen. Dann war Raquel Elisa an der Reihe, eine gute Schulkameradin von René. Margarita begann, die Tarotkarten wie gewohnt auszulegen, doch bald hielt sie inne. »Wisst ihr, Kinder, ich bin recht müde«, sagte sie plötzlich. Sie wolle sich nun ausruhen, die Kinder sollten sich doch lieber im Garten austoben. René spürte, dass etwas nicht stimmte. Am späteren Abend fragte er seine Tante, was sie in den Tarotkarten gesehen habe. »Den Tod«, antwortete sie. Die Tía sollte recht behalten. Zwei Wochen später verstarben Raquel Elisas Eltern bei einem Flugzeugabsturz.

Die Zukunft ihres Neffen aber, so deutete Margarita, die sollte bedeutend sein. Hier steht er jetzt, in Anzug und Krawatte, in einem großen Saal in La Paz, vor der gesamten Versammlung der *Movimiento Nacionalista Revolucionario.* Er ist ziemlich nervös, es sind mehrere hundert Mitglieder zugegen, alles politische Schwergewichte und prägende Figuren dieser Partei, die Boliviens Geschichte wie keine andere geprägt hat. Die Minister, die Kongressabgeordneten, die Gouverneure der einzelnen *Departamentos,* sie alle sind anwesend, und natürlich auch Goni, der Staatspräsident und Parteivorsitzende. Er hat René gebeten, eine Rede vorzubereiten, und so hat dieser geübt und geübt, drei Tage lang, bis er sie praktisch auswendig konnte. Doch jetzt, als er auf die Bühne geht, hin zum Rednerpult, da macht sich bei ihm eine Anspannung breit, und diese Anspannung überträgt sich auf das Publikum. Alle Augen sind auf ihn gerichtet, die Stille im Saal ist fast schon unheimlich. Er atmet tief durch. Jetzt bloß die Nerven behalten.

v.l.n.r.: René, Tía Margarita und ihr Ehemann

Als er zum 61. Präsidenten Boliviens gewählt wurde, sagte Goni bei seiner Inauguration: »Ich kenne keinen armen Bolivianer, der je einen Gerichtsprozess gewonnen hat.« Seine politischen Rivalen hätten wohl entgegnet, dass der vermögende Goni gar keinen armen Bolivianer kenne, doch solche Sprüche hätten ihn höchstens zum Schmunzeln gebracht, damals genauso wie jetzt, mehr als drei Jahre später, gegen Ende seiner Amtszeit. Die Gewissheit, dass er die Stellung der Armen in Boliviens Gesellschaft nachhaltig verbessert hat, erfüllt ihn mit Zufriedenheit, und sie ist Antrieb zugleich, diesen Kurs beizubehalten. Was so sorgfältig, mit viel Geduld und Disziplin aufgebaut wurde, soll währen, man ist auf dem richtigen Weg, und von dem soll man jetzt nicht abkommen. Die Verfassung erlaubt jedoch keine direkte Wiederwahl, also macht sich Goni auf die Suche nach seinem möglichen Nachfolger. Eines Abends im Herbst 1996 tätigt er einen Anruf, Marianne ist dran, René solle doch zurückrufen. Der ist sich nicht ganz sicher, ob das Goni wirklich ernst meint, doch Marianne sagt ihm, eine solche Chance komme kein zweites Mal. Und so fährt er hin zum *Palacio.*

»Schau, René, es gibt drei Typen von Politikern. Der Erste, der kümmert sich um sein Prestige. Der Zweite kümmert sich um sein Portemonnaie. Und dann gibt es noch einen dritten Typ, und zu diesem gehörst du.« René weiß, was Goni jetzt sagen wird, er hat es immer wieder gesagt, und unter dem Strich ist es *der* Grund, der ihn einst dazu bewegte, René zu seinem Justizminister zu machen. »Du kümmerst dich um die Menschen. Und am Ende des Tages zählt nur das.« Renés politische Unerfahrenheit sei kein Nachteil für eine

Präsidentschaftskandidatur, ist Goni überzeugt, auch wenn sich die Gegenkandidaten mit Sicherheit auf diesen Fakt einschießen werden. Vielmehr sei sie eine Chance, bestimmt würde sie ihm zugutekommen. Das Volk sei froh, endlich einen Kandidaten zu haben, der nicht aus dem politischen Establishment stamme, und seine Popularität sei sowieso unbestritten. Die Menschen würden ihm für seine Verdienste mit Sicherheit an der Urne danken. »Du bist anders, René, du stehst für etwas Neues. Nutze das zu deinem Vorteil.« Dass er kein Mitglied der *MNR* ist, sei kein Problem, die Partei könne ihn, der stets unabhängig bleiben wollte, auch als solchen nominieren, und um die finanzielle Unterstützung für den Wahlkampf brauche er sich ebenfalls keine Sorgen zu machen. Die einzige Bedingung, die seine Kandidatur mit sich ziehe, sei, dass René als Justizminister zurücktrete, denn die Kampagne werde mindestens so viel Zeit in Anspruch nehmen wie sein bisheriges Amt. Goni versichert ihm, für die verbleibenden Monate einen würdigen Stellvertreter zu finden. René ist einverstanden. Er weiß, dass Goni recht hat, mal wieder. Er hat Bolivien als Rechtsstaat ein neues Selbstverständnis verliehen, als Justizminister hat er erstklassige Arbeit geleistet. Warum sollte ihm das nicht auch als Präsident gelingen?

Dass er hierfür auf die Unterstützung der *MNR* angewiesen sein wird, weiß René sehr wohl. Die Tatsache, dass ihm die Parteimitgliedschaft fehlt, hat nicht immer allen gepasst, nicht alle haben diesen Außenstehenden gemocht, der Jahre zuvor aus dem Nichts ins Kabinett geholt wurde, so manchem von ihnen auf die Füße trat und jetzt auch noch für das Amt des Präsidenten kandidiert. Umso wichtiger ist nun, auch diese Leute für sich zu gewinnen. Er braucht ihren Rückhalt, als Unabhängiger erst recht. Soeben hat Goni an der Parteiversammlung Renés Kandidatur verkündet, die Rede, die dieser einstudiert hat, muss jetzt sitzen. Er richtet ganz kurz das Mikrofon auf dem Rednerpult, dann atmet er nochmals durch. »Wenn ich gewählt werde«, beginnt René zu sprechen, »dann wird meine Amtszeit mit Sicherheit einiges schwieriger sein.« Das Publikum beäugt ihn kritisch, es fragt sich, was er damit wohl meint. »Denn mein Vorgänger, der hat einen extrem guten Job gemacht.« Sofort erwachen sie aus ihrer Starre, Gelächter erfüllt den Raum. Alle applaudieren. Renés Anspannung löst sich in Luft auf, der Rest des Abends wird zum Selbstläufer. Er hat den Segen der *MNR*.

Ganz zuoberst auf dem kleinen Papierzettel, den er nun in der Hand hält, steht *Características* geschrieben, das Wort ist einmal fett unterstrichen, darunter steht sein Name. Noch weiter unten, in einer linken Spalte, sind mit Kugelschreiber ein paar Pluszeichen hingekritzelt, und neben einem davon steht: »Kümmert sich um Menschen.« Den Zettel hat René von einem Analysten der *MNR* erhalten, der im Hinblick auf den anstehenden Wahlkampf die wichtigsten Gegenkandidaten, aber auch den eigenen unter die Lupe genommen und seine Gedanken grob notiert hat. Weiter rechts auf dem Zettel steht ein Minuszeichen, und dahinter kurz und knapp »Wenig Erfahrung«. René ruft sich Gonis Worte in Erinnerung. Seine fehlenden politischen Kenntnisse würden sich als Vorteil entpuppen, ist der Präsident überzeugt, das Volk habe genug von diesen konventionellen Politikern mit ihren üblichen populistischen Parolen. Dass er sich bei den Wahlen gegen zwei frühere Staatspräsidenten beweisen muss, stimmt René da schon nachdenklicher, denn die kennen sich immerhin mit dem Führen eines Wahlkampfs aus. Er schaut sich den zweiten Zettel an. Es ist jener über Jaime Paz Zamora, der unmittelbar vor Goni Präsident war und es jetzt wieder werden will. In der linken Spalte steht unter anderem »charismatisch«, und es stimmt, Paz Zamora weiß zu imponieren, er ist ohne Zweifel eine beeindruckende Persönlichkeit und ein guter Redner. Als Nachteil erachtet der Analyst vor allem Paz Zamoras angebliche Kontakte zur Drogenmafia im Chapare, die ihm seit längerer Zeit nachgesagt werden. Tatsächlich ist einer seiner engsten Vertrauten wegen solcher Verbindungen sogar ins Gefängnis gewandert. Mit Paz Zamora, glaubt René, ist trotzdem jederzeit zu rechnen. Er nimmt den dritten Zettel hervor. Wieder ist es einer, der es nochmals wissen will. *»Mano firme«* steht da links, »eiserne Hand«. Der Analyst liegt mit dieser Einschätzung definitiv nicht falsch, und die Eigenschaft geht einher mit dem, was nach dem Minuszeichen kommt. Dort steht »Ex-Diktator«. Es ist der Zettel von Hugo Banzer.

Ein weiteres Stück Papier, das René in der Hand hält, stammt ebenfalls vom Analysten. Darauf zu sehen sind keine Plus- und auch keine Minuszeichen, sondern ein Säulendiagramm. Es ist das Resultat einer ersten Meinungsumfrage, die die *MNR* durchgeführt hat. René führt mit 15 Prozent, Banzer und Paz Zamora liegen knapp dahinter. Eine durchaus erfreuliche Quote ist es, die es nun auszubauen gilt, und so fasst René zwei Entschlüsse. Einerseits beschließt er, sich für ein Seminar in Miami anzumelden, das vom US-amerikanischen Polit-Magazin »Campaigns & Elections« organisiert wird. Natürlich hatte er als Justizminister über die Jahre hinweg etliche Auftritte und sich eine große Medienerfahrung angeeignet, doch das Präsidentenrennen würde nochmals ein ganz anderes Kaliber sein. Wie der Name des Magazins verrät, will er nun auch das Handwerk des Wahlkampfführens gründlich erlernen, ein Handwerk, das seine Kontrahenten bereits beherrschen. Er will genauestens wissen, wie er seine Botschaften mit größtmöglicher Wirkung vermitteln kann, und diesbezüglich, dessen ist er sich bewusst, wird auch die Vizepräsidentschaft eine wichtige Rolle spielen. Lange hat René sich überlegt, wer an seiner Seite stehen soll, obschon er nie daran gezweifelt hat, dass das neue Präsidentenduo die Gesamtbevölkerung Boliviens so gut als möglich zu repräsentieren hat. Letztendlich gibt es in seinen Augen aber nur eine Option, und die ist nahezu perfekt. María Teresa Paz ist ihr Name, sie ist ein höchst angesehenes Mitglied der *MNR,* im ganzen Land wird sie respektiert und für ihre politischen Verdienste geschätzt, genauso wie für ihr soziales Engagement, denn als Ärztin bietet sie hilfsbedürftigen Menschen in Not gratis Untersuchungen an. María Teresa ist hochintelligent, stets ehrlich und denkt immer an ihre Mitmenschen. René glaubt fest daran, dass er zusammen mit ihr ein starkes Duo bilden wird, und auch Goni ist guten Mutes. René hat seine Vizepräsidentin gefunden. Jetzt fehlt ihm nur noch ein letzter Segen. Er bittet María Teresa um einen Gefallen, und diese willigt ein.

Es ist frühmorgens, als René losfährt, zusammen mit Celso, einem Sicherheitsbeamten, dem er blind vertraut. Nach rund einer Stunde kommen sie am Flughafen in El Alto an, der Flug nach Tarija dauert ein wenig länger. Tarija ist die südlichste Großstadt Boliviens, sie liegt im Grenzgebiet zu Argentinien auf knapp 2000 Metern über Meer, in einem Tal in den östlichen Ausläufern der Anden. Die wenigen Personen in seinem nächsten Umfeld, die über seine Reise dorthin informiert sind, haben ihm spaßeshalber gesagt, er solle vorher genug essen, denn der Doctor, bescheiden und enthaltsam, wie er lebt, offeriere höchstens drei Kekse und eine Tasse Tee. So machen René und Celso nach der Landung eine längere Mittagspause, bevor sie ein Taxi bestellen. Etwas außerhalb von Tarija, umgeben von Weinreben und nur durch einen schmalen Kiespfad erreichbar, steht ein unauffälliges, nettes Landhaus. Als sie ankommen, herrscht auf dem Grundstück absolute Stille. René steigt aus dem Taxi und geht zur großen Eingangspforte, er gibt Celso ein Zeichen, hinter ihm zu warten. Dann klingelt er. Nach ein paar Sekunden öffnet sich die Pforte, und so stehen sie sich nun gegenüber. »Ministro Blattmann. Ich habe Sie erwartet.« Er ist alt geworden, denkt René. Obwohl, persönlich getroffen hat er ihn noch nie. Er kennt ihn nur von den Fotos von früher, aus dem Fernsehen, aus den Zeitungen. »Herzlichen Dank, dass Sie mich empfangen, Doctor Paz.«

Víctor Paz Estenssoro, dieser keineswegs perfekte, dennoch allseits geschätzte Staatsmann, einer der einflussreichsten politischen Führer Lateinamerikas, der als Gründer der *Movimiento Nacionalista Revolucionario* auch Renés Kindheit und Jugend mitgeprägt hat, ist mittlerweile 89 Jahre alt und immer noch bei scharfem Verstand. María Teresa Paz hat ihren Onkel wenige Tage zuvor angerufen und gesagt, dass René um eine Audienz bitte, obschon sie nur zu gut weiß, dass er kaum noch jemanden empfängt. Schon 1990 hat sich Paz Estenssoro von der Politik verabschiedet, nachdem er von der *MNR* zum Parteivorsitzenden auf Lebenszeit ernannt wurde. Dieser Akt sollte allerdings rein symbolischer Natur sein. Tatsächlich hat der Doctor seither keinen aktiven Einfluss mehr auf die Partei und ihr Tun genommen, auch Interviews hat er kein einziges gegeben. Er hat sich gänzlich zurückgezogen, nach Tarija in seine Hacienda, in deren Wohnzimmer er und René nun sitzen, beide mit einer Tasse Tee und einem Keks in der Hand. »Ich habe Ihren Werdegang mit Interesse verfolgt«, sagt der Doctor. Er gratuliert René zu seinen Errungenschaften als Justizminister und zur Kandidatur. Präsident von Bolivien zu sein sei alles andere als einfach, meint er, er wisse schließlich, wovon er rede. »Doch ich bin überzeugt, dass ihr beide sehr gute Arbeit leisten werdet. Ich wünsche euch viel Glück.« Das ist es, was René hat hören wollen. Paz Estenssoros Anerkennung bedeutet ihm viel. Obwohl er Tarija seit Jahren nicht mehr verlassen hat, ist der Doctor innerhalb der *MNR* nach wie vor präsent wie kein Zweiter, seine inzwischen selten gewordenen Einschätzungen haben während all dieser Zeit nie an Gewicht eingebüßt, im Gegenteil. Fast schon ehrfürchtig schauen die Parteimitglieder zu ihm auf und halten seinen Namen in Ehren, sein Geist lebt in den Köpfen einer ganzen Generation neuer Politiker weiter. René ist sich dessen bewusst. Seine Audienz in Tarija, so ist er überzeugt, würde ein Signal an die *MNR*, ja an die gesamte bolivianische Politik senden, an alle ihre ranghohen Akteure. Sie würden achtungsvoll zur Kenntnis nehmen, dass ihm kein Geringerer als Víctor Paz Estenssoro den Segen erteilt hat.

Nach dem Besuch in Tarija kehrt René nach La Paz zurück, und wenige Tage später fliegt er in die Vereinigten Staaten. Vor der Abreise hat er mit der *MNR* vereinbart, dass diese während seines Aufenthalts in Miami alle nötigen Vorbereitungen für den Start seiner Kampagne trifft, konkret würde die Partei eine Kampagnenagentur beauftragen, einen Wahlkampfleiter bestimmen und ein Budget erstellen. In Miami bleibt René mehrere Tage, die Wahlkampfspezialisten und Kommunikationsprofis des Seminars, das er gebucht hatte, lehren ihn die unterschiedlichsten Tricks und Kniffe, und er tut gut daran, diese zu verinnerlichen. Er würde sie brauchen, um gegen einen mit allen Wassern gewaschenen Politiker wie Hugo Banzer bestehen zu können. Wahlkämpfe werden in Bolivien nicht weniger hitzig geführt als in anderen lateinamerikanischen Ländern, immer wieder haben sie in Kontroversen, in Demonstrationen oder gar in Revolten geendet, oder sie wurden, bevor es überhaupt so weit gekommen ist, rücksichtslos aufgelöst. René will auf alles vorbereitet sein, und das Seminar hilft ihm dabei. Es schärft seinen Sinn für jeden noch so unbedeutend anmutenden Aspekt eines Wahlkampfs, und vor allem gibt es ihm zu verstehen, wie wichtig es ist, die richtigen politischen Wegbegleiter um sich herum zu haben. Mit vielen neuen Erkenntnissen, Ratschlägen und Ideen reist er zurück nach Hause.

Sogleich trifft er sich wieder mit Vertretern der *MNR,* und die haben eine erfreuliche Nachricht für ihn. Man habe sich in der Zwischenzeit auf einen Wahlkampfleiter geeinigt. Es handelt sich dabei um Juan Carlos Durán, den Vize-Parteivorsitzenden, und beim Ausgang der Wahlen wird dieser Mann noch eine entscheidende Rolle spielen. Durán, das ist ein offenes Geheimnis, hat selbst Anspruch auf die Präsidentschaftskandidatur erhoben, in gewissen Kreisen der *MNR,* bei vielen Parteikollegen, hat er als Hauptanwärter auf die Nomination gegolten, bevor sie dann schließlich René zuteilwurde. Durán ist ein guter Politiker, während Víctor Paz Estenssoros Amtszeit in den 1980er-Jahren war er Innenminister. René mag ihn, die beiden verstehen sich gut. Doch seiner Ernennung zum Wahlkampfleiter traut er nicht richtig. Er hegt gewisse Zweifel, ob Durán tatsächlich hinter ihm stehen und ihn mit genügend Motivation repräsentieren würde. Der Wunsch des *MNR*-Politikers, selbst Präsident Boliviens zu werden, ist unbestritten. Würde er sich im Wahlkampf wirklich zurücknehmen, die eigenen Absichten außen vor lassen und sich für René aufopfern? Ihn beschleicht leichte Skepsis, er befürchtet, dass Durán eine suboptimale Entscheidung sein könnte. Anmerken lassen tut er sich vorerst aber nichts, und so kommen sie auf die Kampagnenagentur zu sprechen, die von der Partei angeheuert wurde. Jetzt meldet sich nicht Renés Bauchgefühl, nein, jetzt läuten seine Alarmglocken. Die Agentur, das ist ebenfalls ein offenes Geheimnis, steht ausgerechnet seinem ärgsten Gegenkandidaten nahe, dem Diktator der 1970er-Jahre, Hugo Banzer. In der Vergangenheit hat sie schon öffentlich Position für ihn bezogen und Meinungspflege zu dessen Gunsten betrieben. Spätestens jetzt überkommt René Argwohn. Mit solch einem Verlauf des Treffens hat er nicht gerechnet, die Entscheidungen der Partei haben ihn auf dem falschen Fuß erwischt. Sie ergeben schlicht keinen Sinn. Irritiert und verärgert fährt er nach Hause. Und zum allerersten Mal seit Bekanntgabe seiner Nomination hegt er einen leisen Verdacht.

In den folgenden Wochen setzt sich René intensiv mit seiner Nominierung auseinander. Er reflektiert und analysiert, er denkt über seine Kampagne nach, über die *MNR* und deren Entscheide, aber auch über seine eigenen Perspektiven und Ambitionen. Er verbringt viel Zeit zu Hause, mit Marianne und den Kindern, mit denen er wichtige Gespräche führt, und widmet sich einer seiner großen Leidenschaften, dem Lesen. Eines der Bücher, die René liest, stammt vom berühmten Schriftsteller Miguel Ángel Asturias, der 1967 den Nobelpreis für Literatur gewann. Der Roman spielt in Asturias' Heimat Guatemala und handelt von Pelele, einem obdachlosen Waisen, der den Tod seiner Mutter nie verkraftet hat und ständig in Tränen ausbricht, weshalb er von anderen Obdachlosen, mit denen er auf den Treppenstufen einer Kirche lebt, gehänselt wird. Eines Nachts schließt sich auch ein Oberst des Militärs den Böswilligkeiten an, was Pelele derart in Rage versetzt, dass er den Oberst vor versammelter Meute tötet. Die Meldung verbreitet sich in Windeseile. Pelele flieht, doch gefahndet wird gar nicht nach ihm. Die Regierung will den Mord viel lieber einem ehemaligen General anhängen, Eusebio Canales, der sich, so die Auffassung, vom Staat abgewendet hat. Ein hoher Regierungsbeamter überredet Canales nun zur Flucht, bevor die Polizei ihn verhaften kann, doch dahinter steckt pures Kalkül. Eusebio Canales' Entkommen soll vor Gericht als Schuldbekenntnis herhalten, schließlich hätte eine unschuldige Person vor nichts wegrennen müssen. Asturias' Buch trägt den Titel »El Señor Presidente«, denn der Staatspräsident persönlich ist es, der diesen listigen Plan ausgeheckt hat. René liest und liest. Die Geschichte gibt ihm zu denken, Eusebio Canales' Schicksal wühlt ihn auf. Und als er fertig gelesen hat, ruft er Goni an.

Weder von ihm noch von der Partei hat er in all dieser Zeit gehört, und langsam, aber sicher will René wissen, was Sache ist. »No hay plata«, antwortet der Präsident kurz und knapp, es sei kein Geld vorhanden. Der *MNR* würden die adäquaten Mittel fehlen, um ein Budget für seine Wahlkampfkampagne zusammenzustellen. Renés Verdacht sollte sich bestätigen. Er schwebt nun im luftleeren Raum, Banzer und Paz Zamora haben ihre Kampagnen mittlerweile gestartet. Sie sind auf Plakaten zu sehen, auf Flugblättern und Broschüren, sie halten Reden, treten im Fernsehen auf, während René zu Hause sitzt und ihnen tatenlos zusehen muss. Das Reflektieren geht weiter, er grübelt, er sucht nach Antworten. Verfolgt Goni ebenfalls einen trügerischen Plan, von dem er nichts weiß? Beim besten Willen kann er sich das nicht vorstellen, hat der Präsident doch stets einen integren Eindruck auf ihn gemacht. Es muss eine andere Erklärung geben. Die treuen Mitglieder der *MNR,* die alteingesessenen Parteipolitiker, sie sind es wohl, die nicht hinter ihm stehen, die ihn trotz all der guten Arbeit der letzten vier Jahre immer noch kritisch beäugen und Durán, einen der ihren, bevorzugen. Lassen sie nun Taten folgen? War der ohrenbetäubende Applaus an der Parteiversammlung gar nicht ernst gemeint? Gibt es Neider, die sich hinter seinem Rücken gegen ihn gewendet haben? Und welche Rolle spielt Goni in alledem? Renés Gedanken drehen sich im Kreis, er wird beinahe wahnsinnig. Irgendeine Absicht muss die Partei doch verfolgen. Mit Sicherheit ist ihnen immer noch ein Dorn im Auge, dass er kein Mitglied ist. Würde seine Präsidentschaft ein Erfolg werden, so könnte die *MNR* dafür keine Lorbeeren einheimsen, verliefe seine Amtszeit aber schlecht, dann würde die Partei automatisch mit ihm assoziiert.

René legt sich etliche Theorien und Erklärungen zurecht, insgesamt drei Monate geht das so. Ständig fragt er sich, was während seines Aufenthalts in Miami bloß geschehen ist. Er erhofft sich sehnlichst, dass das Ganze nur ein Missverständnis ist, dass die Partei noch zu Sinnen kommt und die Kampagne, wenn auch mit Verspätung, gestartet werden kann. Den Glauben daran will er nicht aufgeben, doch es tut sich einfach nichts, weder bei ihm noch bei María Teresa. Und so drehen sich seine Gedanken weiterhin im Kreis. Er erinnert sich an den Schriftsteller Mario Vargas Llosa, auch er ein Literaturnobelpreisträger, der einst Präsident von Peru hat werden wollen, dabei aber derart unschöne Erfahrungen im Wahlkampf gemacht hat, dass er diese schließlich niedergeschrieben hat. »El pez en el agua« heißt Vargas Llosas Buch, und es löst in René etwas aus. Er beginnt zu begreifen, dass ihm dasselbe Schicksal zu drohen scheint und dass er sich mittlerweile nichts sehnlicher herbeiwünscht, als sich einfach nur wie ein Fisch im Wasser zu fühlen. Und so trifft er Ende Januar 1997 eine Entscheidung. Er informiert Goni und María Teresa Paz schweren Herzens, dass er aussteigt, dass er seine Nominierung zurückzieht. Der *MNR* gibt er ebenfalls Bescheid. Diese nominiert sogleich Juan Carlos Durán nach.

Was René zu jenem Zeitpunkt nicht weiß: In einer zweiten Wahlumfrage, wenig zuvor durchgeführt von der *MNR,* belegt er den ersten Platz mit 34 Prozent. Auf den Zweitplatzierten Hugo Banzer ist das ein Vorsprung von satten 20 Prozent. Alle haben Kenntnis davon, außer er selbst. Die Partei hat es ihm nie gesagt.

Erst 1999, zwei Jahre später, erfährt er mehr oder weniger zufällig davon. Ausgerechnet Banzers damaliger Wahlkampfleiter setzt sich mit René in Verbindung und bringt ein wenig Licht ins Dunkel, man habe sich stets gewundert, weshalb er trotz dieses Vorsprungs ausgestiegen sei. Traurig gewesen sei man natürlich nicht, aber nachvollziehen können habe es trotzdem niemand. Tatsächlich habe Banzer basierend auf den Umfragewerten sogar geplant, der *MNR* eine gemeinsame Koalition schmackhaft zu machen. Bei einem solchen Bündnis wäre René zwar Präsident geblieben, Banzers rechte Partei, die *Acción Democrática Nacionalista,* hätte aber mitregieren können. Banzer hat begriffen, dass es nicht reichen würde.

»René, mal angenommen, sie hätten es dir gesagt. Hättest du weitergemacht?«
Lange Stille. Blick ins Leere.

Bis heute, ein Vierteljahrhundert später, findet er keine abschließende Antwort auf diese Frage. Die so intensiven, von Unsicherheit, falscher Hoffnung und vorenthaltenen Informationen geprägten drei Monate haben in ihm etwas hinterlassen, das ewig währen wird. Ein bitterer Nachgeschmack ganz bestimmt, ein Gefühl der Machtlosigkeit wohl auch. Emotionen, die nur schwer einzuordnen sind. Ist es Schmerz, oder viel eher Reue? Wird er jemals eine Antwort darauf haben, eine Erklärung finden? Was seine Familie anbelangt, so hat er rückblickend wohl die richtige Entscheidung getroffen, daran zweifelt René mittlerweile nicht mehr. Marianne und die Kinder, Claudia, Pablo und Noemi, sie alle hätten so einiges auf sich nehmen müssen, viel gemeinsame Zeit im trauten Heim wäre ihnen nicht mehr geblieben. Stattdessen wäre ihr Privatleben durch die Presse, durch politische Scharmützel torpediert worden, durch all die Tumulte, die ein Präsidentenamt nun mal mit sich bringt. Natürlich, sie unterstützten René, so gut es nur ging und wo sie nur konnten, sie hatten diese einzigartige Möglichkeit erkannt und hätten ihm einen erfolgreichen Wahlkampf von Herzen gegönnt. Aber unter dem Strich überwog wohl die Erleichterung, als sich ihr Vater und Ehemann aus dem Rennen zurückzog. Seine Familie kommt für René an erster Stelle, immer, ohne Kompromiss. Ist sie glücklich, ist er es auch. Und so stellt sich für ihn nur bedingt die Frage, was gewesen wäre, wenn.

Und doch stellt sie sich. Bolivien ist sein Geburtsort, seine Heimat. Ein Ort, den er womöglich nicht mehr so schnell wiedersehen wird und auch nicht will. Das Rechtssystem ist in den letzten zwei Jahrzehnten zunehmend für politische Interessen missbraucht worden, der Staat im Chaos versunken. Zurückgefallen in alte und vermeintlich überwundene Muster, übertreffen die aktuellen innenpolitischen Zustände gar jene aus Zeiten der Militärdiktatur. Das Drogengeschäft im Chapare blüht wie nie zuvor, während die *Cocaleros* weiterhin unterdrückt werden, die Gesellschaft ist bis in die hintersten Ecken von Korruption infiltriert, die Armut stark angestiegen. Diese traurige Entwicklung nimmt ihren Ursprung rund ein halbes Jahr nach Renés Rückzug, im Sommer 1997, als die Präsidentschaftswahl abgehalten und Juan Carlos Durán, der Kandidat der *MNR,* mit 18,2 Prozent der Volksstimmen und 30 Kongressstimmen nur Zweiter wird. Nach 19 Jahren Absenz und vier erfolglosen Kandidaturen wird Hugo Banzer zum ersten Diktator Lateinamerikas, der auf demokratischem Weg an die Macht zurückkehrt. Er ist wieder da, der Mann mit der eisernen Hand. Von Renés Reformen ist bald nicht mehr viel übrig.

Sowohl Banzers als auch die späteren Präsidentschaften sollten eindrücklich aufzeigen, aus welchem Holz Boliviens Politik wirklich geschnitzt ist. So scheint es im Nachhinein wohl fast schon naiv, geglaubt zu haben, die Ley Blattmann und die anderen Gesetze würden davor tatsächlich verschont. Stück für Stück wurden sie demontiert, rückgängig gemacht, für nichtig erklärt. Sie wurden von einem inquisitorischen System verschluckt, und die wenigen Personen innerhalb dieses Systems, die etwas dagegen unternehmen wollten, ließ man nicht machen. Die nachfolgenden Regierungen, allen voran jene unter Evo Morales, der 2006 schließlich als erstes indigenes Staatsoberhaupt Boliviens vereidigt wurde und sich durch Missachtung der Verfassung fast 14 Jahre lang an der Macht hielt, sie alle hätten nur dort anzuknüpfen gebraucht, wo René und Goni aufgehört hatten. Die Mittel dazu wären vorhanden gewesen, doch passiert ist nichts dergleichen. Morales war alles andere als ein Mandela, und so ist die Justiz heute vor allem ein Ort der Unterwürfigkeit. Die Bürgerinnen und Bürger haben sich längst daran gewöhnt. Die vermeintlich Bösen, die Mittellosen, die politischen Oppositionellen, sie alle werden wieder eingesperrt, willkürlich und auf unbestimmte Zeit, ohne Gewährung eines fairen Prozesses. Sinnbildlich dafür stehen die Präsidentschaftswahl im Oktober 2019 und die daraus resultierenden blutigen Aufstände. Morales musste ins Exil flüchten, ihm wurde Wahlbetrug vorgeworfen, Beobachter sprachen von eindeutigen

Manipulationen. Jeanine Áñez, ziemlich rechts und sehr katholisch, riss die Macht ad interim an sich, auf nicht minder umstrittene Weise, sie versprach Neuwahlen, die aufgrund der Coronapandemie aber mehrmals verschoben wurden. Im Oktober 2020 fanden sie dann doch noch statt, gewonnen wurden sie von Morales' politischem Ziehsohn Luis Arce. Keine 24 Stunden nach dessen Amtsantritt war Morales wieder zurück. Fünf Monate später wurde Áñez verhaftet, die Anklage lautete unter anderem auf Staatsstreich und Terrorismus. Im Juni 2022 wurde sie zu zehn Jahren Haft verurteilt. Human Rights Watch sprach von politischem Kalkül. Andere internationale Organisationen zeichnen in ihren diversen Studien und Berichten ein ähnliches Bild vom bolivianischen Staat, die Interamerikanische Kommission für Menschenrechte, das *World Justice Project,* sogar die Vereinten Nationen, sie alle klagen an, dass jene Institutionen Menschenrechtsverletzungen begehen, die eigentlich davor schützen müssten. Jene der Justiz.

»Ich erinnere mich an Zeiten, in denen solche Hexenjagden nicht die Norm waren«, schreibt ein renommierter Journalist kurz nach Áñez' Festnahme, und zweifellos hat sich dieser dadurch zur Zielscheibe gemacht. Die Pressefreiheit in Bolivien ist arg beschnitten, überhaupt sind Medienschaffende in Südamerika stets irgendwelchen Gefahren ausgesetzt, doch davon abhalten lassen sich nicht alle. So taucht Renés Name immer wieder mal in Zeitungsartikeln und Reportagen auf, und zwar meistens dann, wenn eine Referenz für ebendiese Zeiten hermuss. Dass sie längst vorbei sind, ist nicht sein Verschulden, dessen ist er sich durchaus bewusst. Er weiß, dass er in keiner Weise für Banzers und Morales' frühere Taten mitverantwortlich ist, genauso wenig wie für die Taten von Arce, Áñez und wie sie sonst alle heißen, diese ominösen Politiker, die das bolivianische Volk schon hat kommen und gehen sehen. Und trotzdem bleiben sie, die Zweifel, die Gewissensbisse. Die Schuldgefühle und Vorwürfe an sich selbst. René macht sie sich immer wieder. Dann fragt er sich meist, was er anders oder besser hätte machen können. Ob es widerstandsfähigere Reformen gebraucht hätte. Ob diese von Beginn weg zum Scheitern verurteilt waren. Ob er hätte bleiben sollen, um weitere Veränderungen voranzutreiben. Um die Prinzipien zu verteidigen, für die er einstand. Er fragt sich, ob er zu früh aufgegeben hat. Was hinter seinem Rücken geschah, als er in Miami war. Warum Goni und die *MNR* ihn im Stich ließen. Was aus Bolivien wohl geworden wäre. Sein geliebtes Bolivien.

»34 Prozent, René. Du hättest gewonnen.«
Stille.

»Der Weg entsteht beim Gehen«

Letzten Endes stirbt Eusebio Canales an einem gebrochenen Herzen. Jener hohe Regierungsbeamte, der den früheren General im Roman »El Señor Presidente« arglistig zur Flucht animiert hat, sollte nämlich seine Tochter Camila heiraten, und als wäre das nicht schon zu viel des Guten, hat sich auch noch das Gerücht verbreitet, dass der Präsident Guatemalas, der Canales' Misere persönlich zu verantworten hat, an der Hochzeit zugegen war. Miguel Ángel Asturias' Roman zeigt eindrücklich auf, wie der guatemaltekische Staat das Schicksal ganzer Familien bestimmen kann und weitreichenden Einfluss auf deren tägliches Leben nimmt.

»El Señor Presidente« gilt als eines der berühmtesten regierungskritischen Bücher der lateinamerikanischen Geschichte, nicht zuletzt, weil die Parallelen zwischen der fiktiven Handlung und der Wirklichkeit derart augenscheinlich sind. Im Laufe seiner Karriere sollte Asturias viele weitere Bücher verfassen, darunter »Hombres de maiz« (»Die Maismenschen«) im Jahr 1949, ein nicht minder politischer und realitätsnaher Roman, der den Konflikt zwischen der indigenen Landbevölkerung und der Bourgeoisie Guatemalas beschreibt. Für die Mayas, die fast die Hälfte der gesamten Population des Landes ausmachen, ist Mais ein heiliges Lebensmittel, die Kapitalisten aus der Hauptstadt hingegen sehen darin lediglich ein kommerzielles Produkt, aus dem es möglichst großen Profit zu schlagen gilt. Gegen die imperialistischen Pläne der Regierung und das immer aggressivere Enteignen ihrer Länder wehren sich die »Maismenschen« vehement, und angeführt werden sie dabei von einer Figur namens Gaspar Ilom. So wie in Asturias' Roman formieren sich die Landbewohner auch im realen Leben sukzessive zu linksgerichteten Guerillagruppen, und 1960 bricht schließlich ein Bürgerkrieg aus, der 36 lange Jahre dauern und bis zu 200 000 Menschenleben fordern wird. Das Militär verübt brutale Massaker an der indigenen Landbevölkerung, deren Widerstand von der *Unidad Revolucionaria Nacional Guatemalteca,* kurz *URNG,* organisiert wird, dem Dachverband aller Guerillas. Einer der vier Hauptanführer der *URNG* nennt sich ebenfalls Gaspar Ilom, doch sein bürgerlicher Name lautet Rodrigo Asturias. Er ist Miguel Ángel Asturias' Sohn. In Guatemala sind Realität und Fiktion nie weit voneinander entfernt.

———

Im Frühjahr 1997 kehrt René für die verbleibenden fünf Monate als Justizminister zurück, mit der *MNR* ist das so abgesprochen. Ihm liegt am Herzen, das Mandat sauber zu Ende zu bringen und seiner Nachfolge eine reibungslose Amtsübernahme zu ermöglichen. Erst danach gönnt er sich die lang ersehnte Auszeit. Er will die nervenaufreibenden, diffusen, unglücklichen letzten Monate endlich in Ruhe verarbeiten und neue Energie tanken. So reist die Familie Blattmann ein weiteres Mal in die Schweiz zu Verwandten, zudem macht sie Urlaub in Mexiko. Als sie anschließend nach La Paz zurückkehrt, findet René wieder zu seinen beruflichen Wurzeln. Er arbeitet als Anwalt in der eigenen Kanzlei und nimmt sich diverser Rechtsfälle an. Marianne kümmert sich in Krankenhäusern und in Gefängnissen um die Schwachen und Armen, Claudia und Pablo studieren mittlerweile an der Universität, Noemi besucht weiterhin die Deutsche Schule. Irgendwie ist alles wieder wie früher. Doch allzu lange währt der vertraute Alltag in Achumani nicht. Eines Abends klingelt das Telefon, ein gewisser Jean Arnault ist dran, er wolle mit René reden. Der hört sich aufmerksam an, was Arnault anbietet, und nachdem er sich mit seiner politischen Beraterin, mit Marianne, besprochen hat, ruft er zurück.

Über Jean Arnault hielt sich hartnäckig das Gerücht, dass er in den 1980er-Jahren während des Kriegs der Sowjetunion in Afghanistan für die Vereinten Nationen aktiv war, und zwar als Übersetzer eines Verhandlungsführers, da er unter anderem Russisch fließend beherrschte, doch als der Verhandler krankheitsbedingt ausfiel, übernahm Arnault kurzerhand selbst,

oben: René mit Jean Arnault, der für die UNO arbeitete und Chef der MINUGUA-Mission war, auf einer Wanderung in Guatemala; unten: René mit seiner »politischen Beraterin« Marianne und er machte dies derart gut, dass die Sowjets und die Mudschahedin fortan mit ihm verhandeln wollten. Es sollte der Startschuss einer steilen Diplomatenkarriere sein. Nach Ende des Kriegs entsandte die UNO den Franzosen in der Folge in diverse Konfliktgebiete, in die Westsahara, nach Namibia und schließlich nach Guatemala. Als Mediator nahm er eine Schlüsselrolle in den Friedensverhandlungen ein, die das Ende des Bürgerkriegs im zentralamerikanischen Land besiegelten. Am 29. Dezember 1996 unterschrieben die guatemaltekische Regierung und die Guerrillas ein endgültiges Friedensabkommen, der Einzige der vier *URNG*-Führer, der der Unterzeichnung fernblieb, war Gaspar Ilom alias Rodrigo Asturias. Die Guerrillas versprachen, all ihre Waffen einzureichen, im Gegenzug würde die *URNG* als politische Partei anerkannt und bei künftigen Wahlen berücksichtigt. Offiziell herrschte in Guatemala, nach knapp vier Jahrzehnten, endlich wieder Frieden. Die Vereinten Nationen sahen sich nun in der Verantwortung sicherzustellen, dass dieser auch wirklich währen und kein neuer Konflikt ausbrechen würde. Die Friedensverträge hatten respektiert zu werden. Für diesen Zweck rief die UNO eine Friedensmission zu deren Verifizierung und Einhaltung ins Leben, und diese Mission sollte Jean Arnault leiten. Als dieser 1997 den Chefposten für die Menschenrechtsabteilung der Mission besetzen muss, erzählt ihm ein Arbeitskollege von einem Justizminister, den sie in dessen Heimat einst liebevoll »Batman« nannten.

Im Frühling 1998 zieht René für die MINUGUA, so die offizielle Abkürzung der »Verifikationsmission der Vereinten Nationen in Guatemala«, nach Guatemala-Stadt, zusammen mit Marianne und Tochter Noemi, während die älteren beiden Kinder aufgrund ihrer Studien in La Paz bleiben. Pablo, mittlerweile 21 Jahre alt, freut sich tierisch darauf, sturmfreie Bude zu haben, manch legendäre Studentenparty sollte während dieser Zeit im Familienhaus gefeiert werden. René ist da schon ein wenig skeptischer. Er ist sich nicht sicher, wie er sich in seiner neuen Heimat zurechtfinden wird, und das hat einen guten Grund. Dass das Klima angenehmer nicht sein könnte, realisieren er und Marianne in jenem Moment, als sie aus dem Flieger steigen, und die Landschaft ist schöner als alles, was sie bis anhin gesehen haben. Doch ein Land, das sich 36 Jahre lang im Bürgerkriegszustand befunden hat, hat logischerweise auch danach noch mit einem hohen Ausmaß an Kriminalität zu kämpfen. Guatemala ist ohne Zweifel eines der gefährlichsten Länder Lateinamerikas. Personen, die entweder mit der guatemaltekischen Regierung oder aber mit oppositionellen Gruppierungen beruflich zu tun haben, sind überdies zusätzlichen Risiken ausgesetzt. Als René erfährt, dass nur wenige Tage vor seinem Eintreffen der katholische Bischof Juan Gerardi von Armeeoffizieren grausam ermordet wurde, weil er in einem Bericht die Verstrickung der Streitkräfte in den Bürgerkrieg angeprangert hatte, wird ihm schlagartig bewusst, dass er durchaus der Nächste sein könnte. Die Familie Blattmann tut gut daran, sich möglichst schnell an diese neuen Umstände zu gewöhnen. Vor allem der 16-jährigen Noemi fällt dies nicht leicht, für sie ist so ziemlich alles ein großer Kontrast zu La Paz, wo sie sich stets frei auf den Straßen bewegen konnte und wo sie nun ihren gesamten Freundeskreis zurückgelassen hat, um auf dem neuen Schulweg von Sicherheitsleuten, die mit Maschinengewehren ausgestattet sind, eskortiert zu werden. In Guatemala wird grundsätzlich alles von bewaffneten Securitys bewacht, sogar die Restaurants und Lebensmittelläden, und erst recht die umzäunte Häusersiedlung, in der René, Marianne und Noemi nun wohnen. Die Gefahr lauert überall. An einem der ersten Tage in Guatemala-Stadt möchten die drei einen Ausflug in den *Parque Naciones Unidas* unternehmen, ein Nationalpark im Süden der Hauptstadt, doch bereits an der Eingangspforte werden sie weggescheucht. »Hier lass ich Sie mit Ihrer Tochter nicht rein«, sagt einer der Wächter, »das ist viel zu gefährlich.« Er sollte recht behalten. Wenige Tage später liest René in einer Zeitung, dass im Park eine männliche Leiche gefunden wurde.

Abgesehen vom immensen Gewaltpotenzial fühlt sich René mit seinem neuen Zuhause aber schnell verbunden. Guatemala und Bolivien haben mehr gemeinsam, als er zunächst für möglich gehalten hatte, und viele dieser Parallelen sollten in seiner Arbeit als Vorsitzender der MINUGUA-Abteilung für Menschenrechte eine wichtige Rolle spielen. Beide Länder weisen eine große indigene Population auf, in Guatemala gehören rund 40 Prozent zum Volk der Mayas, und nicht weniger haben zumindest bis zu einem bestimmten Grad indigene Wurzeln. So liegt auf der Hand, dass Armut landesweit verbreitet ist. Die Ureinwohner wurden seit der spanischen Eroberung ab dem 16. Jahrhundert stets ausgebeutet und unterdrückt, und der Bürgerkrieg hat sein Übriges getan. Die Großgrundbesitzer hingegen, die überwiegend von europäischen Siedlern abstammen, leben in einem Reichtum jenseits der Genügsamkeit, und dies ist einer der entscheidenden Unterschiede zu Bolivien. Im Gegensatz zur *MNR* im Jahr 1952 hat keine guatemaltekische Regierung jemals

Land- und Agrarreformen durchgesetzt, wodurch die Vermögensschere in den letzten Jahrzehnten noch weiter auseinandergeklafft ist. Die Grundeigentümer und Oligarchen kümmert das wenig, sie setzen alles daran, ihre Güter zu verteidigen, und so überrascht nicht, dass den Gesandten der MINUGUA von ihrer Seite erst einmal eisiger Wind entgegenbläst. Als Kommunisten werden sie verflucht, als Handlanger der Ureinwohner, die ihnen den hart erarbeiteten Besitz wegnehmen wollen. René hat dafür nur ein müdes Lächeln übrig. Er ist sich mittlerweile gewohnt, auf derartigen Widerstand zu stoßen, in Bolivien war früher kein Tag vergangen, an dem er sich als Justizminister nicht wegen irgendeines lapidaren Vorwurfs rechtfertigen musste. Und so nimmt er gelassen seine Arbeit auf.

»Wanderer, es gibt keinen Weg, der Weg entsteht beim Gehen.« René zitiert den berühmten spanischen Lyriker Antonio Machado, als er sich im Rahmen einer geschlossenen Sitzung an seine vier Funktionäre richtet, die schon einige Zeit vor seinem Eintreffen ihre Arbeit aufgenommen haben und denen er nun als Chefüberwacher der Menschenrechte im Land vorsteht. Die Funktionäre informieren ihn über das bisher Geleistete und die Schwierigkeiten, die sich bereits abgezeichnet haben, und so will René sie motivieren und auf die gemeinsame Zusammenarbeit einschwören. Er will sie darauf einstimmen, dass die folgenden Monate und Jahre kein Kinderspiel sein werden, dass sie hohe Hürden nehmen müssen, dass sie sich davon aber nicht entmutigen lassen sollen und bestimmt stets einen Weg finden werden, um ihre Ziele zu erreichen. Daran zweifelt René kein bisschen. Seine Leute sind zwar noch jung, dementsprechend aber höchst motiviert. Letzten Endes sollten auch sie zu seinen »Robins« werden. Als UNO-Angestellte haben sie Zugang zu allen guatemaltekischen Regierungsgebäuden, Militäreinrichtungen und Gerichtssälen, sie genießen uneingeschränkte Akteneinsicht und können den Politikern, den Staatsanwälten und insbesondere den Richtern jederzeit über die Schulter schauen, was ihre Arbeit zwar ungemein erleichtert, ihren Beliebtheitsgrad aber sicher nicht in die Höhe treibt. Innerhalb von Guatemalas Gesellschaft, das bekommen Renés Funktionäre schnell zu spüren, herrscht ein Maß an Misstrauen, das beinahe schon Züge von Paranoia annimmt. Denn jede, aber wirklich jede Familie hat irgendein Mitglied durch den Krieg verloren, und nach einer gewissen Zeit hat man gar nicht mehr so recht gewusst, wer denn nun Freund und wer Feind ist. Das Einzige, das man mit Sicherheit gewusst hat, war, dass man niemandem trauen kann. Und so wird unweigerlich auch Spionage betrieben. Wer es nicht besser wüsste, würde sich mitten im Kalten Krieg wähnen, derart groß ist das Netz an Spionen, das die Regierung und das Militär ausgespannt haben. »Sei ja vorsichtig«, hat Jean Arnault zu René gesagt, und damit hat er nicht den Kauf eines neuen Autos gemeint, das mit ein wenig Glück eine Woche lang ungestohlen bleiben würde, sondern das Aussprechen von Wörtern, die für gewisse Ohren nicht bestimmt sind. Rund zwei Wochen nach dem Start der Friedensmission trifft sich René mit einem Oberst des guatemaltekischen Militärs. Das Gespräch verläuft angenehm, der Oberst macht auf ihn einen integren Eindruck. Er erklärt René, dass man im Rahmen der Zusammenarbeit zwischen der UNO und der Armee sicherlich auf die eine oder andere Dissonanz treffen werde, dies aber nicht weiter schlimm sei. »Wie Sie wissen, Doctor Blattmann«, sagt der Oberst mit einem schelmischen Lächeln, »es gibt keinen Weg. Der Weg entsteht beim Gehen.« René läuft es eiskalt den Rücken runter.

Wir behalten dich im Auge, René. War das die Botschaft? Dass er als einer der führenden Personen der MINUGUA auf dem Radar der Militärs und der Regierungsangestellten aufgetaucht ist, sollte ihn eigentlich nicht weiter verwundern. Sie sind nun mal mit allen Wassern gewaschen, und gewiss haben sie sich einiges zuschuldenkommen lassen, das sie möglichst zu vertuschen versuchen. So schauen René und seine Leute umso genauer hin. Sie sind übers ganze Land verteilt, in jeder Region Guatemalas sind mehrere Beobachter stationiert, die fortlaufend ihrem Chef rapportieren, in welchen Bereichen Fortschritte, aber auch Rückschläge und Handlungsbedarf in Bezug auf die Einhaltung der Menschenrechte festgestellt wurden. Aufseiten des guatemaltekischen Staats gelingt es ihnen in der Folge, Hunderte von Vertragsverstößen zu identifizieren. Ähnlich wie in Bolivien hängen viele mit einem erbarmungslosen Justizsystem und einem maroden Strafvollzug zusammen, zahlreiche Indigene sind willkürlich verhaftet worden, warten seit Jahren auf ihre Prozesse und werden unter unwürdigen Bedingungen gefangen gehalten oder gar gefoltert. In einem der offiziellen Menschenrechtsberichte der MINUGUA, die in regelmäßigen Abständen veröffentlicht werden, hält René fest, dass im Zeitraum von April bis Dezember 1998 insgesamt 18 außergesetzliche Tötungen durch Staatsdiener als solche verifiziert werden konnten. Hinzu kommen zehn Todesdrohungen, 109 Fälle unverhältnismäßiger Gewaltanwendung, 31 unrechtmäßige Festnahmen, 15 Missachtungen der Unschuldsvermutung und fünf Verweigerungen einer Pflichtverteidigung. Fast immer waren die Opfer Mayas. Auf solche Missstände aufmerksam zu machen ist für die Wahrung des Friedens in Guatemala essenziell, auch wenn die einzelnen Fälle nur höchst selten aufgearbeitet werden. Hierfür sind der MINUGUA die Hände gebunden, als Organ der Vereinten Nationen beschränkt sich ihr Handeln auf die Überprüfung der Einhaltung der Friedensabkommen. Juristische Befugnisse hat sie keine. Dass die Regierung innerhalb der eigenen Reihen nicht ermitteln will, versteht sich von selbst, und so liegt es an René und seinem Team, die Verstöße wenigstens publik zu machen. Der Staat muss wissen, wo die Grenzen liegen. Die Denkweise jedes Einzelnen innerhalb des Apparats soll sich ändern. Da ist auch der Präsident mitgemeint.

Álvaro Arzú Irigoyen hat eine helle Haut, rötliches Haar und blaue Augen, er entstammt einer wohlhabenden Unternehmerfamilie, deren Wurzeln in Spanien liegen, und folglich repräsentiert er das klassische Großbürgertum Guatemalas. Ungeachtet dessen bemühte sich Arzú seit seinem Amtsantritt im Januar 1996 intensiv um das Ende des Bürgerkrieges, und letztlich war es sein Verdienst, dass die Friedensverträge mit der *URNG* noch im selben Jahr unterzeichnet werden konnten. Der Friedensmission in seinem Land aber, der kann er nicht viel abgewinnen. Eines Tages lädt die MINUGUA zu einer Konferenz verschiedener ehemaliger Staatspräsidenten Lateinamerikas ein, und an dieser anwesend ist auch Goni. René hat ihn auf Bitten Arnaults nach Guatemala eingeladen. An der Konferenz hält Goni einen Vortrag über die diversen Menschenrechtsreformen, die in Bolivien während der letzten Jahre umgesetzt wurden, und in den darauffolgenden Tagen begleitet René seinen früheren Vorgesetzten an weitere Meetings. Eines davon findet im *Palacio* in Guatemala-Stadt statt, im Haus von Präsident Arzú, den Goni noch von früher kennt. Beim Treffen anwesend ist auch ein früherer ranghoher *Guerillero,* der nun Arzú berät. Goni stellt René gegenüber dem Präsidenten als seinen Justizminister vor, als seinen *ehemaligen* Justizminister, denn in Bolivien, so echauffiert er sich sogleich, sei eine direkte Wiederwahl nicht möglich, ein Jammer sei das, wie solle denn ein wahrer Wandel vollzogen werden, wenn man nach vier Jahren bereits wieder abdanken müsse. Arzú pflichtet Goni bei, in Guatemala sei das nicht anders, »aber weißt du, was hier noch viel schlimmer ist? Diese Friedensmission. Man kann nichts mehr machen, ohne dass die von der UNO einen riesigen Zirkus veranstalten, andauernd gibt's Knatsch mit denen. Sie machen uns das Leben unerträglich, ich sag's dir.« René, der neben Goni steht, kann kaum glauben, was er da gerade hört. Weiß Arzú etwa nicht, wofür er in seinem Land weilt? Er und der Ex-*Guerillero* schauen sich mit großen Augen an, und dann schmunzeln sie beide. Vielleicht ist es besser so.

Mit Goni hat sich René bereits im Frühjahr 1997 ausgesprochen, kurz nach seinem Rückzug der Präsidentschaftskandidatur. »Ich habe dich im Stich gelassen, René, nicht wahr?« Goni hat es eingesehen, er hat sich entschuldigt. Er hat Bedauern gezeigt und vor allem

Verständnis für Renés Entscheid, die Uneinigkeiten innerhalb der *MNR*, die ihn von allen am meisten betrafen, nicht weiter über sich ergehen zu lassen. Und so ist zwischen dem Ex-Präsidenten und seinem Justizminister kein böses Blut geblieben, den gegenseitigen Respekt haben beide gewahrt. Gonis Besuch in Guatemala sollte Ausdruck dessen sein.

Und ihre Wege, die sollten sich schon bald wieder kreuzen. Renés Arbeit als einer der führenden Kräfte der MINUGUA gefällt ihm trotz all der Schwierigkeiten, denen er begegnet, sehr gut, vor allem aber ist sie ungemein lehrreich. Die Friedensmission muss man sich wie eine Art Regierung vorstellen. Sie ist ganz ähnlich strukturiert, und so operiert Renés Menschenrechtsabteilung, vergleichbar mit einem Ministerium, auf einer horizontalen Ebene neben jenen, die sich um die guatemaltekischen Streitkräfte, die Wirtschaft, die Bildung oder um die Indigenen im Land kümmern. Folglich pflegen die einzelnen Abteilungen einen sehr engen Austausch. Er ist derart eng, dass Renés Bewusstsein für das Regieren und Verwalten nochmals wesentlich geschärft wird. Im Vergleich zu seinem Mandat als Boliviens Justizminister ist er nun noch mehr ins übergeordnete tägliche Geschehen miteingebunden, die Entscheidungen, die er treffen muss, sind von größerem Einfluss auf den gesamten Apparat. Er versteht nun noch genauer, was es bedeutet, innerhalb eines weitreichenden Systems zu regieren. René sammelt in Guatemala eine Menge wertvoller Erfahrungen. Und wer weiß, vielleicht sind es genau jene Erfahrungen, die ihm bis dahin gefehlt haben. Als seine Dienstzeit für die MINUGUA zu Ende geht, bietet Arnault ihm an, für eine weitere UNO-Mission nach Burundi zu gehen, doch René hat bereits einen anderen Plan. Er spürt, dass die Zeit nun reif ist. Marianne sagt ihm sogleich, dass er es dieses Mal bis zum Ende durchziehen müsse, ein zweiter Ausstieg liege nun wirklich nicht drin. Er weiß, dass sie recht hat, und so ist er fest entschlossen, die Sache nun richtig anzugehen. Nachdem er von Guatemala nach La Paz zurückgekehrt ist, gründet René am 25. Juli 2001 die Partei *Movimiento Ciudadano para el Cambio (MCC),* die *Bürgerbewegung für einen Wandel,* mit dem Ziel, im darauffolgenden Jahr für die Präsidentschaftswahlen zu kandidieren.

Wenige Wochen zuvor legte Hugo Banzer sein Amt als Staatspräsident Boliviens nieder, beim mittlerweile 75-Jährigen wurden Lungen- und Leberkrebs diagnostiziert, was eine Fortführung seines Mandats verunmöglichte. So übernahm für ihn, ad interim, Vizepräsident Jorge Quiroga. Von der Chemotherapie bereits deutlich gezeichnet, zeigte sich Banzer an seiner Abdankung atypisch reumütig. Unter Tränen ließ er verlauten, dass er all seinen politischen Gegnern, die er einst, willentlich oder nicht, gekränkt habe, die Hand reichen möchte.

»Hättest du sie angenommen, René?«
Er denkt nach.

Als er noch in Guatemala weilte, verlieh ihm der Stadtrat von La Paz einst eine Medaille für »besondere Verdienste«, und weil die Stadträte wussten, dass er nicht im Land war, baten sie ihn darum, eine Stellvertretung an die Zeremonie zu schicken. Also fragte René seinen Sohn Pablo, ob er in seinem Namen hingehen und die Auszeichnung entgegennehmen könne. Dieser er-

Renés Wahlkampf, 2002.
Am 25. Juli 2001 gründete er dafür die Partei
Movimiento Ciudadano para el Cambio (MCC)

Carlos »Carlitos« Alarcón und René
beim MCC-Wahlkampf, 2002

fuhr dann aber, dass es traditionsgemäß niemand Geringerer als der Präsident der Republik war, der die Auszeichnung überreichte. Nein, Hugo Banzer würde er bestimmt nicht die Hand schütteln. Und so lehnte Pablo ab. René hatte hierfür nur wenig Verständnis, Banzers Anwesenheit habe nichts zu bedeuten, sagte er seinem Sohn, es gehe hier einzig und allein um die Entgegennahme einer Auszeichnung des Stadtrats, das sei alles lediglich formeller Natur. Ein symbolischer Akt, nichts weiter. So gelang es René schließlich, Pablo umzustimmen. Hätte René Banzers Hand also angenommen? Möglicherweise schon. Die eigenen Emotionen müssen manchmal eben außen vor gelassen werden.

Was nicht heißen soll, dass René gegenüber dem Ex-Diktator keine verspürt. Obschon dieser in seiner zweiten Amtszeit durchaus bemüht war, einen geläuterten Eindruck zu vermitteln, lieferte Banzer immer wieder Anhaltspunkte dafür, warum er bereits in den Siebzigern derart gefürchtet wurde. Auch Renés Justizreformen bekamen seinen Autoritarismus zu spüren. Das Programm der *Defensa Pública* etwa, das René einst so behutsam und mit viel Mühe aufgebaut hat, wurde eingestellt, der Drogenkrieg im Chapare hingegen mittels drastischer und unlauterer Methoden intensiviert. So darf nicht überraschen, dass der Anteil der bolivianischen Gefangenen, die in Untersuchungshaft sitzen, erneut angestiegen ist, erst schleichend, dann immer deutlicher. Als Konsequenz davon hat sich die Beziehung zwischen der Regierung und der indigenen Bevölkerung wieder verschlechtert, die Fronten haben sich verhärtet. In den Statuten seiner eigenen Partei schreibt René, dass das Misstrauen der Bürger gegenüber den Institutionen groß sei und eine allgemeine Frustration und Enttäuschung offenbare. Dieser Entwicklung gälte es Einhalt zu gebieten, und so versteht sich die *Movimiento Ciudadano para el Cambio,* die auf dem politischen Spektrum Mitte-links angesiedelt ist, auch als Gegenbewegung zur *Acción Democrática Nacionalista,* der Partei Banzers beziehungsweise Quirogas.

Abgesehen davon zieht die *MCC* schnell viele Gleichgesinnte aus dem ganzen Land an, und so dauert es nicht lange, bis die Mindestanzahl an Parteimitgliedern, die das bolivianische Gesetz vorschreibt, erreicht ist. Auch eigene Familienangehörige unterstützen Renés Pläne aktiv, Marianne ist ebenfalls eines der Gründungsmitglieder, Pablo wird sogar zum Leiter der Jugendsektion gewählt. Mit seinen Freunden und weiteren Parteiangehörigen unterstützt er seinen Vater tatkräftig, zusammen bemalen sie einen Bühnenwagen für die Wahlkampfveranstaltungen oder basteln mit Schere und Papier kunstvolle Wahlplakate, stets in den Parteifarben grün und gelb gehalten. Darauf steht jeweils in großen Lettern der Slogan der *MCC:* »Für das Bolivien, das wir wollen.« Gemeint ist ein Bolivien, das seine indigene Bevölkerung respektiert, das sie in den politischen Diskurs miteinbezieht. Ein Bolivien, das all seine Einwohner gleichberechtigt behandelt und deren Bürgerrechte stets wahrt. Dafür will René einstehen. Zusammen mit Carlos Alarcón, seinem früheren Vize-Justizminister, mit dem er schon manches Abenteuer während gemeinsamer Auslandsreisen erlebt hat, macht er sich auf, den *Cambio* loszutreten, den so bitter nötigen Wandel, der im Parteinamen propagiert wird. Carlitos ist ein hochintelligenter, stets zuverlässiger Jurist, mit ihm versteht sich René bestens. Seit ihrer Zusammenarbeit im Justizministerium sind die beiden ein eingespieltes Team. Gemeinsam betreiben sie intensiven Wahlkampf, und so ist René mit seinem Vize-Kandidaten erneut an Podiumsdiskussionen anzutreffen, auf den Bühnen diverser Kongresssäle, in Talkshows, im Frühstücksfernsehen. Eine starke mediale Präsenz zu erzeugen ist unentbehrlich, wenn sie mit der Konkurrenz mithalten wollen. Denn diese ist alles andere als klein. Gleich elf Politiker sind es, die das höchste Amt des Landes zu besetzen gedenken, darunter Evo Morales, der unumstrittene Anführer der Cocabauern aus dem Chapare, und Jaime Paz Zamora, der es schon wieder wissen will. Überhaupt scheinen sie das Leben im *Palacio* zu vermissen, die bolivianischen Altpräsidenten. Fast alle verspüren sie nach ihren Abgängen das Bedürfnis, für eine zweite Amtszeit zu kandidieren. Auch Goni ist da keine Ausnahme.

Das offizielle Porträt des Präsidenten Hugo Banzer Suárez, 1997. Er profitierte davon, dass René seine Kandidatur frühzeitig zurückzog.

Der Bohnenverkäufer aus Ituri

Der Wind, der von Osten kommt, weht ihm unliebsam ins Gesicht, seine Wollmütze, die er übergezogen hat, hält die Ohren nur bedingt warm. Doch daran will er jetzt nicht denken, er hat gerade Wichtigeres zu tun. Marianne ist verschwunden. Es ist der 7. Februar 2003, und sie haben vereinbart, dass sie sich um sieben Uhr abends in der Hotellobby treffen. Bis dann sollte die Entscheidung sicherlich gefallen sein. Doch jetzt ist fast schon acht Uhr. Das passt nicht zu ihr.

Er versucht sie per Telefon zu erreichen, vergebens. Im Zimmer ist sie nicht, also fragt René die Dame an der Rezeption. Nichts, auch keine Nachricht. Er wartet nochmals zehn Minuten, dann ruft er die Schweizer Botschaft an. Die wissen von nichts. Er ruft die bolivianische Botschaft an, die wissen auch von nichts. Sie würden sich melden, falls sie Neuigkeiten hätten. Er spürt, wie ihn langsam, aber sicher Panik überkommt. Er versucht sich zu erinnern. Hatten sie wirklich um sieben Uhr abgemacht? Er ist aufgekratzt. Wo könnte sie nur sein? Wollte sie noch länger im Zentrum bleiben? Aber dann hätte sie ihm doch eine Notiz hinterlassen! Ist ihr etwas zugestoßen, ist sie in Gefahr? Er muss sie suchen, an irgendeiner Stelle muss er anfangen. Auch wenn das in diesem New Yorker Labyrinth aus Wolkenkratzern einfacher gesagt ist als getan. Er macht sich auf, verlässt das Hotel, nimmt die Straße gegen Süden. Er eilt an den Läden, den unzähligen Touristen, den hupenden Autos vorbei, ohne Plan, ohne Orientierung. Getrieben vom schieren Willen, Marianne zu finden. Seine Hände zittern, und das nicht wegen der Kälte. Es herrscht pure Hektik, für einen kurzen Moment fühlt er sich nach La Paz zurückversetzt. Er rennt eine Seitenstraße hinunter und überquert dann eine Kreuzung, ehe er abrupt stehen bleibt. Sein Telefon in der Jackentasche vibriert. Die bolivianische Botschaft ruft zurück. »Ihre Frau ist im Krankenhaus.«

1885, im gleichen Jahr, als das kleine Dorf Riberalta, der erste Wohnort von Renés Großvater Karl im bolivianischen Dschungel, vom Schweizer Federico Bodo

Clausen gegründet und sogleich dem Kautschukhandel unterworfen wurde, errichtete der belgische König Leopold II. im Herzen Afrikas den Freistaat Kongo, und wieder war der Kautschuk ein treibender Faktor. Leopold war schon länger bestrebt, afrikanische Gebiete zu kolonialisieren, ganz nach dem Vorbild der Franzosen, der Portugiesen und der Spanier. Die belgische Regierung, die verfassungsgemäß über mehr Macht verfügte als der Monarch, blockte aber stets ab, und so entschied er, die Dinge selbst in die Hand zu nehmen. Schon Jahre zuvor hatte er Handelsmänner und Forscher in die Subsahara geschickt, um ihm über die Einheimischen und deren Lebensweisen, vor allem aber über die natürlichen Ressourcen, die sie dort vorfinden würden, zu berichten. Einer dieser Forscher war Henry Morton Stanley, ein in den Vereinigten Staaten lebender Waliser, der die tropischen Ebenen des Kongo zunächst als perfektes Kolonialterritorium für das britische Königreich erachtete. Stanley hatte erkannt, dass sich die bis dato nur spärlich erforschten Landschaften bestens für den Anbau von Kautschuk eigneten, dessen Nachfrage in den westlichen Industrieländern stetig stieg. Großbritanniens Aufmerksamkeit galt zu jener Zeit aber anderen Kolonien wie dem heutigen Südafrika, Nigeria oder Ägypten, in die bereits reichlich investiert wurde, und so nutzte Leopold das Desinteresse des Vereinigten Königreichs, um Stanley abzuwerben. Für den belgischen König sollte der Waliser nun Abertausende Hektaren an Land von den Volksstämmen der Bakongo, der Baluba oder der Mongo, die alle zur Sprachgemeinschaft der Bantu gehören, abkaufen und den Aufbau einer handelskonformen Infrastruktur in die Wege leiten. Stanley ging beim Erwerb der Länder höchst hinterlistig vor, er zwang den Stammesführern und Landbesitzern Verträge auf, die diese gar nicht verstehen konnten, denn sie waren auf Französisch verfasst, eine den Indigenen fremde Sprache. Mittels falscher Versprechen und Drohgebärden verleitete Stanley die Einheimischen dazu, die Verträge zu unterschreiben, und mit den Verträgen auch ihren Untergang. Hätten sie bloß Französisch gekonnt, dann wäre ihnen wohl das Kleingedruckte aufgefallen. Dieses besagte, dass Leopold nicht nur in den Besitz der Böden kam, sondern auch der Menschen, die darauf lebten.

Nun fehlte dem belgischen König lediglich noch der Segen der großen europäischen Kolonialmächte. Der Wettlauf um den »dunklen Kontinent«, wie sie Afrika nannten, hatte in der Zwischenzeit an Fahrt aufgenommen, Frankreich etwa eroberte immer mehr Boden im Westen, das Deutsche Reich hatte es unter anderem auf die heute unabhängigen Gebiete von Tansania, Kamerun oder Namibia abgesehen. Leopold befürchtete, dass ihm seine Kongo-Territorien früher oder später streitig gemacht würden, und so war er erpicht darauf, sich dagegen abzusichern und mit den europäischen Mächten genaue Vereinbarungen zu treffen. Dies geschah an der sogenannten Kongokonferenz 1884/1885, die in Berlin auf Einladung des ersten deutschen Reichskanzlers Otto von Bismarck stattfand. Während rund 100 Tagen teilten 11 europäische Länder sowie die Vereinigten Staaten von Amerika, Russland und das Osmanische Reich den afrikanischen Kontinent diplomatisch unter sich auf, sie zogen Grenzen, definierten Handelsabkommen, unterschrieben Bilateralverträge. Leopold, obwohl in Berlin nicht persönlich anwesend, ging als einer der großen Gewinner aus der Konferenz hervor. Es war ihm gelungen, seine Mitstreiter vom Potenzial einer belgischen Herrschaft im Kongo zu überzeugen, nicht zuletzt, indem er ihnen allen Handelsfreiheit in der Region und freie Schifffahrt auf den wichtigsten Flüssen gewährte. Zudem versprach er, aus dem Kongo eine sklavenfreie Zone zu machen, deren Bewohnerinnen und Bewohner alle in Freiheit würden leben können. Der Freistaat Kongo wurde in Berlin aber nicht etwa zum Besitz des belgischen Königreichs erklärt, nein, er gehörte nun offiziell der »Internationalen Kongo-Gesellschaft«, einer Privatfirma, die Leopold gegründet hatte. Der König machte den Kongo zu seinem ganz persönlichen Eigentum und ließ die Regierung außen vor. Durch diesen hinterlistigen Trick konnte er über die Territorien schalten und walten, wie ihm danach war, ohne sich vor der heimischen Regierung rechtfertigen zu müssen.

Die Konsequenzen waren abzusehen, und doch erschüttern sie zutiefst. Gemäß Schätzungen in König Leopolds Biografie von Adam Hochschild, einem US-amerikanischen Journalisten und Historiker, ist die Population des Freistaats Kongo während Leopolds Herrschaft um zehn Millionen geschrumpft. Das entspricht ungefähr der Hälfte der gesamten Bevölkerung im Jahr 1885. Zieht man in Betracht, welcher Methoden sich Leopold und seine Privatarmee, die *Force Publique,* bedienten, um die Einheimischen zu unterwerfen, dann wird nachvollziehbar, wie eine solch horrende Zahl zustande kommen konnte. Die immense Nachfrage nach den Rohstoffen musste mit allen Mitteln gesättigt werden, also hatte jeder Mann, jede Frau und jedes Kind den Saft aus den Kautschukstämmen zu sammeln und zu Rohstoff zu verarbeiten, bis sie im wahrsten Sinne des Wortes tot umfielen. Nicht selten wurden sie aber schon vorher ausgepeitscht, verschleppt oder umgebracht, weil sie die große Anzahl voller Körbe, die zu füllen waren, nicht liefern konnten. Oder ihnen wurden die Hände abgehackt. Leopold förderte solche Gräueltaten insbesondere, indem er den Soldaten befahl, für jede einzelne Gewehrpatrone, die sie ausschließlich auf Diebe von Leopolds Besitztümern abschießen durften, Rechenschaft abzulegen. Munition, obschon es das einzige Gut war, das Leopold in den Kongo verschiffen ließ, war zu jener Zeit nicht im Überfluss vorhanden, und so wollte man sichergehen, dass es auch effizient verwendet wurde. Jedem erschossenen Dieb musste deshalb eine Hand abgetrennt und den Vorgesetzten als Beleg gezeigt werden. Den Befehlen zum Trotz verwendeten die Soldaten ihre Munition aber auch, um Tiere zu jagen, vor allem der knappen Nahrung wegen, da sich Leopold nicht im Geringsten um das Entsenden von Lebensmitteln oder Medikamenten scherte. Um sich dafür keinen Ärger mit den Offizieren einzubrocken, holten sie sich den Beleg bei lebendigen Menschen. Ein Arm war ein Arm, eine Hand eine Hand.

Nach dem Ende des Zweiten Weltkriegs 1945 vergeudeten die Siegermächte rund um die Vereinigten Staaten keine Zeit, die Kriegsverbrechen und den Holocaust zügig und großflächig aufzuarbeiten. Überlebende Führungskräfte der Verliererationen, darunter viele ranghohe Nationalsozialisten, wurden im Rahmen internationaler Prozesse alsbald zur Rechenschaft gezogen. Die Kriegstribunale wie jenes in Nürnberg hatten allerdings nur interimistischen Charakter, sie wurden eigens für die Aufarbeitung dieses spezifischen Kriegs errichtet und nachher wieder eingestellt. Das Verlangen nach permanenten juristischen Strukturen, die im Falle künftiger gewaltvoller Konflikte schnell greifen oder diesen gar präventiv entgegenwirken würden, wuchs in der westlichen Welt deshalb immer stärker. An einer ihrer ersten Generalversammlungen beschlossen die nach dem Krieg gegründeten Vereinten Nationen in der Folge, die Errichtung eines ständigen Strafgerichtshofs in die Wege zu leiten. Dies war einfacher gesagt als getan, denn die Entwicklungen während des Kalten Kriegs, allen voran das Zerwürfnis der beiden Großmächte USA und Sowjetunion, bremsten das Unterfangen erheblich. Sukzessive geriet es in Vergessenheit, obschon diverse Kriege wie jene auf der Korea-Halbinsel (1950–1953) oder in Vietnam (1955–1975) Grund genug gewesen wären, die Pläne am Leben zu erhalten. Schließlich wurden sie aber ganz auf Eis gelegt. So sollte seit dem letzten Nürnberger Gerichtsurteil gegen deutsche Kriegsverbrecher nicht weniger als ein halbes Jahrhundert verstreichen, bis die Gründung eines internationalen Strafgerichtshofs doch noch zustande kam.

Ort dieser historischen Gründung im Sommer 1998 war Rom, die Geburtsstätte des Römischen Rechts. Vertreter von 161 Mitgliedstaaten der UNO sowie von unabhängigen Nichtregierungs- und Menschenrechtsorganisationen fanden in der italienischen Hauptstadt zusammen, um die genauen Statuten eines neuen und permanenten internationalen Strafgerichtshofs auszuarbeiten. Sie berieten über dessen Strukturen, Aufgaben, Rechts- und Zuständigkeitsbereiche, sie definierten die genauen Verbrechen, die der Strafgerichtshof ahnden kann, und legten fest, welche Individuen unter welchen Bedingungen verfolgt werden dürfen. Die Erfahrungen und Erkenntnisse aus den Nürnberger Prozessen spielten hierbei eine wichtige Rolle. So wurde beschlossen, dass die Chefermittler des Gerichtshofs volljährige Einzelpersonen wegen drei genau definierten Verbrechen verfolgen dürfen: wegen Völkermordes, wegen Verbrechen gegen die Menschlichkeit und wegen Kriegsverbrechen. Jahre später sollten diese drei Delikte um ein viertes, um das sogenannte Verbrechen der Aggression, also das Führen eines Angriffskriegs, ergänzt werden. Eine Verjährung dieser Delikte war nicht möglich, sie hatten allerdings zu einem Zeitpunkt zu geschehen, zu dem das Römische Statut bereits in Kraft war. Eine rückwirkende Ermittlung war damit ausgeschlossen. Des Weiteren legte das Statut fest, dass der Internationale Gerichtshof diese Verbrechen nur verfolgen würde, wenn einzelne Vertragsstaaten nicht in der Lage oder gar nicht willens waren, dies selbst zu tun. Das Gericht sollte die Zuständigkeit nationaler Gerichte nicht ersetzen, sondern vor allem ergänzen. Was die Zuständigkeitsbereiche betraf, so würden sich diese mit jenen Ländern decken, die den Gerichtshof anerkennen und ihn um Unterstützung ersuchen können. Dieser würde aktiv werden, wenn ein Verbrechen im Hoheitsgebiet eines Vertragsstaates oder aber von einem Staatsangehörigen eines Vertragsstaates begangen wurde. Dem Sicherheitsrat der Vereinten Nationen wurde zudem die Möglichkeit zugesprochen, den Chefankläger des Gerichtshofs mit der Ermittlung eines bestimmten Verbrechens zu beauftragen. Die Verhandlungen in Rom hatten es in sich, etliche Meinungsverschiedenheiten mussten aus der Welt geschafft und unzählige Details geklärt werden, doch nach fünf sehr intensiven, zähen Wochen stand das sogenannte Römische Statut mit seinen insgesamt 128 Artikeln. Der Gerichtshof nahm langsam, aber sicher Formen an.

Bis zum tatsächlichen Inkrafttreten des Statuts und der Inbetriebnahme des Gerichtshofs vergingen allerdings nochmals vier Jahre, Grund dafür waren die formellen Bestimmungen des Statuts, deren Umsetzungen Zeit in Anspruch nahmen. In Rom war ausgehandelt worden, dass das Statut von mindestens 60 Staaten unterschrieben und ratifiziert werden musste, ehe es implementiert werden konnte, und diese Prozesse erforderten viel Geduld. Hinzu kam, dass mit Dutzenden Staaten nicht länger zu rechnen war. Die USA, Russland, aber auch Israel oder der Iran sträubten sich, das Statut anzuerkennen, sie waren nicht bereit, einen Teil ihres juristischen Kompetenzbereichs zugunsten des Internationalen Strafgerichtshofs aufzugeben. Ungeachtet dessen kann die Mindestanzahl der Vertragsstaaten im April 2002 erfüllt werden, und am 1. Juli desselben Jahres nimmt der Internationale Strafgerichtshof endlich und ganz offiziell seine Arbeit auf. Der Traum vom Weltgericht ist Realität geworden. Nun fehlen nur noch die Richterinnen und Richter.

Einen Tag zuvor, am 30. Juni, werden in Bolivien die Präsidentschaftswahlen abgehalten. René und Carlitos landen auf dem zehnten und somit zweitletzten Rang, während Goni den zweiten Wahlgang gegen Evo Morales schließlich gewinnt und erneut in den *Palacio* einzieht. Von Renés großer Popularität innerhalb des Volks, die ihm bei der Präsidentschaftswahl 1997 wohl noch zum Sieg verholfen hätte, ist ganz offensichtlich nicht mehr viel übrig geblieben. Die damaligen parteiinternen Querelen, die letzten Endes in seiner Nicht-Kandidatur mündeten, haben bei vielen Leuten einen faden Beigeschmack hinterlassen oder zumindest gewisse Zweifel befeuert, ob Renés Entschlossenheit, der Präsident der Republik zu sein, auch wirklich genug groß sei. Hinzu kommt, dass René nach Ende seiner Amtszeit als Justizminister von der Bildfläche verschwunden war. Er war zu wenig medial präsent, als dass er sich im Gedächtnis der Bolivianerinnen und Bolivianer langfristig hätte einnisten können, er hatte kein Mandat mehr inne, im Gegenteil, er hatte das Land sogar verlassen und war während zweier Jahre fernab, in Guatemala, tätig, was in der Heimat kaum jemand zur Kenntnis nahm. Dass die *MCC* zudem, als neu gegründete Partei, weder über die nötigen Wahlkampfgelder noch über eine Stammwählerschaft verfügte, war von vornherein klar. So gestaltete sich das Präsidentenrennen mit der *MNR* und den anderen großen Parteien ab dem ersten Tag als äußerst schwierig. Der zehnte Rang ist die logische Konsequenz, doch damit kann René leben. Er verspürt gar einen Hauch von Erleichterung, denn endlich hat er nun die Gewissheit, dass die Politik einfach nichts für ihn ist. Und darüber ist er nicht traurig. Erhobenen Hauptes kehrt er ihr ein für alle Mal den Rücken.

Doch nicht alles ist umsonst gewesen. Als er noch mitten im Präsidentenwahlkampf steckt, verteilen er und seine Wahlhelfer, darunter auch Pablo und dessen

Freunde, etliche Flugblätter mit Renés Konterfei drauf an Passanten. Eines Morgens gerät ein solcher Flyer in die Hände von María Alicia Terrazas, die sich gerade auf dem Weg zur Arbeit befindet und an einem der Stände der *MCC* im Zentrum von La Paz vorbeigeht. María Alicias Arbeitsstelle ist die Staatskanzlei, und als deren Angestellte ist sie Mitglied jener Kommission, die Boliviens Nominierung für die Richterwahlen des Internationalen Strafgerichtshofs vorbereitet. Jeder einzelne Staat, der das Römische Statut bis dahin unterschrieben, ratifiziert und in Kraft gesetzt hat, ist befähigt, einen Kandidaten oder eine Kandidatin zu nominieren. Bis dahin hat sich die bolivianische Kommission allerdings schwergetan, einen gebührenden Kandidaten zu finden, der an den Wahlen zumindest ein paar wenige Stimmen auf sich vereinen würde. Als María Alicia den Flyer sieht, fällt es ihr wie Schuppen von den Augen. Noch am selben Tag zeigt sie ihn ihrem Vorgesetzten, und im Verlauf der nächsten Monate wird er etliche Male weitergereicht, bis er schließlich auf dem Bürotisch von Goni landet, dem neuen alten Präsidenten. Offensichtlich findet dieser schnell Gefallen an María Alicias Vorschlag, und wer weiß, vielleicht sieht er darin auch eine Möglichkeit, seinem früheren Justizminister ein weiteres Mal zu signalisieren, dass das Zerwürfnis fünf Jahre zuvor nicht in seinem Sinne war. Im November 2002 wird René von Boliviens Regierung offiziell für die Richterwahlen nominiert.

»Und dann ging's nach Rom, stimmt's?«

Er lacht. »Ja, das dachte ich auch!«

René ist voller Vorfreude, nach vielen Jahren endlich wieder einmal in die Ewige Stadt zu reisen. Er nimmt sich vor, mit Marianne alle historischen Sehenswürdigkeiten zu besuchen, von denen Rom so viele wie kaum eine andere Stadt zu bieten hat, den Pantheon, das Kolosseum oder, natürlich, die Sixtinische Kapelle, die er zusammen mit seinem Studienkollegen Richard dank der Begegnung mit einem Priester einst besuchen konnte, obwohl sie eigentlich geschlossen war. Er freut sich bereits auf die feine italienische Küche und den guten Wein, auf die Aussicht vom *Giardino degli Aranci* aus und auf die Spaziergänge entlang des Tibers. Doch dann erfährt er, dass die Richterwahl gar nicht dort stattfinden soll, wo das grundlegende Statut beschlossen wurde, sondern am Hauptsitz der Vereinten Nationen. An der 760 United Nations Plaza, am Ufer des East River in Manhattan, New York City, wird anfangs Februar 2003 die Richterbank für den Internationalen Strafgerichtshof auserkoren. Von insgesamt 43 Nominierten aus aller Welt werden schließlich 18 das Rennen machen. René vertritt sein Heimatland in der Gruppe der lateinamerikanischen und karibischen Staaten, zusammen mit je einer Kandidatur aus Argentinien, Brasilien, Costa Rica, Kolumbien, Peru, Trinidad und Tobago sowie Venezuela. Von ihnen sollten es am Ende nur vier schaffen.

Die bolivianische Delegation ist eine der kleinsten und isoliertesten, sie besteht lediglich aus René, María Alicia, einem weiteren Regierungsbeamten und dem Ständigen Vertreter Boliviens bei den Vereinten Nationen, während ein Großteil der anderen 84 Länder ganze Armadas von Diplomaten und Juristen nach New York entsandt hat, die nun ihre Kontakte spielen lassen, Lobbying betreiben und so versuchen, möglichst großen Einfluss auf den Ausgang der Wahlen zu nehmen. Entsprechend sind die Chancen verteilt. Neben all diesen juristischen Schwergewichten ist Bolivien krasser Außenseiter. Frei nach dem Motto »Dabei sein ist alles« ist man in den Big Apple gereist, Ferien sollten es werden, ein Städtetrip, während dem nebenbei noch eine Wahl stattfindet. René macht sich wenig bis gar keine Hoffnung zu reüssieren, und so sitzt er tiefenentspannt in seinem Sessel, während ein Kandidat nach dem anderen gewählt wird und diverse andere, die ihre Chancen schwinden sehen, aus dem Rennen aussteigen. Drei Tage lang geht das so, und als ihm im zwölften Wahlgang plötzlich nur noch fünf Stimmen zur benötigten Zweidrittelmehrheit fehlen, beginnt er allmählich zu begreifen, dass er eine Sensation schaffen könnte. Am Abend des vierten und letzten Wahltags, dem 7. Februar 2003, kurz vor fünf Uhr, wird René im 13. von insgesamt 33 Wahlgängen mit 57 von 84 gültigen Stimmen zu einem der ersten Richter in der Geschichte des Internationalen Strafgerichtshofs gewählt. Um sieben Uhr will er sich mit Marianne im Hotel treffen und auf seinen Wahlsieg anstoßen, doch diese hat während besagtem 13. Wahlgang einen Schwächeanfall erlitten und ist eine Treppe im berühmten Rockefeller Center mehrere Meter hinuntergestürzt, worauf sie notfallmäßig in ein Krankenhaus eingeliefert wurde. Nach einem wilden Ritt quer durch Manhattan endlich dort angekommen, stellt René ganz erleichtert fest, dass es seiner Frau den Umständen entsprechend gut geht, und als Marianne vom Wahlsieg erfährt, lassen auch die letzten Schmerzen nach. Plötzlich ist der Unfall ganz weit weg. Nun überwiegen das Glück, der Stolz und die Vorfreude auf gemeinsame Jahre in Europa. Die Vorfreude auf Den Haag, Niederlande. Dort würde, das war bereits in Rom festgelegt worden, der Strafgerichtshof seinen Sitz haben, in unmittelbarer Nähe diverser anderer völkerrechtlicher Institutionen. Noch am Spitalbett feiern René und Marianne ganz bescheiden zusammen.

Was König Leopold II. und seine *Force Publique* mit der kongolesischen Bevölkerung unter dem Deckmantel der Industrialisierung anstellten, war in Europa lange verborgen geblieben. Erst 1908, ein Jahr vor Leopolds Tod, kamen die sogenannten »Kongogräuel« durch Zeugenberichte, die von europäischen Medien aufgegriffen wurden, ans Tageslicht und sorgten für große Bestürzung, woraufhin sich der Monarch gezwungen sah, seinen Privatbesitz aufzugeben und dem Parlament zu übertragen. Infolgedessen wurde der Kongo offiziell zu einer Kolonie des belgischen Staates. 1960 löste er sich dann schließlich von dessen Abhängigkeit, doch den Verantwortungen, die mit der neu gewonnenen Souveränität einhergingen, war die neu gegründete Demokratische Republik Kongo keineswegs gewachsen, im Gegenteil. Unter dem belgischen König waren die Rivalitäten zwischen den verschiedenen Volksgruppen zu sehr geschürt worden, als dass seither jemals an ein friedliches Zusammenleben zu denken gewesen wäre. So sollte der Kongo die Nachwirkungen von Leopolds Regiment noch Jahrzehnte später mit voller Wucht zu spüren bekommen.

Im selben Jahr, als der Kongo die Unabhängigkeit erlangte, brachte in der nordöstlichen Provinz Ituri, im Grenzgebiet zu Uganda, eine junge Dame namens Rosalie Nyango am 29. Dezember 1960 einen Knaben zur Welt. Sie und ihr Ehemann Mathias Njabu tauften ihn auf den Namen Thomas Lubanga, und die Geschichte des Landes sollte unweigerlich auch seinen Lebensweg zeichnen. Thomas' Eltern gehörten dem Volk der Hema an, die größtenteils in Ituri zu Hause waren, genauso wie das Volk der Lendu. Die Hema und die Lendu unterschieden sich in diversen Aspekten, so waren Erstere beispielsweise für ihre lange Tradition als Viehzüchter bekannt, während sich die Lendu vor allem durch Ackerbau ernährten, und dennoch hatten sie seit Hunderten von Jahren friedlich Seite an Seite gelebt, miteinander Handel betrieben und sogar untereinander geheiratet. Leopolds Herrschaft sollte dies ändern. Langsam, aber sicher trieb sie einen Keil zwischen die beiden Ethnien, denn die belgischen Verwaltungsbehörden waren den Hema wohlgesonnener als den Lendu, wohl auch, weil Erstere, im Tiefland lebend, einen zivilisierteren Eindruck auf die Europäer machten als die Lendu aus den Bergen. Folglich wurden die Hema bevorzugt, wenn es darum ging, die Bevölkerung an der Grundversorgung, am Bildungswesen oder am politischen Leben teilhaben zu lassen. Dies führte dazu, dass sie immer mehr Einfluss auf das Geschehen in der Provinz Ituri gewannen, sehr zur Missgunst der Lendu. Diese wurden nun sukzessive ausgeschlossen. Hinzu kam, dass sich die Hema als Teil der sogenannten hamitischen Rasse verstanden, zu der auch ethnisch verwandte Völker wie die Tutsi gehören. So sehnten sie sich nach einem hamitischen Reich, das ihre Vormachtstellung auch in Ituri sichern würde. Den Lendu war das natürlich ein Dorn im Auge. Sie fühlten sich zunehmend unerwünscht und befürchteten, aus der eigenen Heimat vertrieben zu werden. Tatsächlich machten wohlhabende Hema 1973 von frisch erlassenen Landreformen Gebrauch und enteigneten etliche Familien des Lendu-Volks ihrer wertvollen, an Naturschätzen reichen Böden. Dabei profitierten sie von den guten Beziehungen zu den lokalen Behörden, die auch nach Belgiens Rückzug aus dem Kongo fortbestanden. Spätestens dieser Affront sollte den Anfang einer erbitterten Fehde markieren.

Thomas Lubanga war zu diesem Zeitpunkt 13 Jahre alt. Er war ein intelligenter Bursche und schrieb gute Noten in der Schule, Jahre später erwarb er an der Universität einen Abschluss in Psychologie, während er, wie viele seiner Mitstudenten, ein erstes Mal politisch sensibilisiert wurde und daraufhin der einzigen anerkannten Partei des Landes beitrat, dem *Mouvement Populaire de la Révolution.* Vor der großen Perspektivlosigkeit, die vielen jungen Kongolesen zu schaffen machte, sollte aber auch Thomas nicht gefeit sein. So schlug er sich zunächst als Kleinhändler verschiedener Goldminen durch, ehe er auf dem Marktplatz von Bunia, der Provinzhauptstadt von Ituri, Bohnen verkaufte. Ab hier verflüchtigen sich die Eckdaten von Thomas Lubangas Biografie, über die folgenden Jahre seines noch jungen Lebens lässt sich höchstens spekulieren, abgesehen vom Fakt, dass er heiratete und eine Familie gründete. Ob er während jener Zeit immer noch als Bohnenverkäufer tätig war oder über andere Einkommensquellen verfügte, ist hingegen nicht bekannt. Allem Anschein nach hatte er sein Interesse für die politischen Geschehnisse in seinem Land aber nie aufgegeben oder zumindest nur vorübergehend, denn aus den nächsten gesicherten Erkenntnissen geht hervor, dass er um die Jahrtausendwende herum in die Lokalpolitik einstieg. Binnen kurzer Zeit wurde er in die Bezirksversammlung von Ituri gewählt.

Der jahrzehntealte Konflikt zwischen den Hema und den Lendu war da bereits in einen Krieg gemündet. Ab 1999 entstanden auf beiden Seiten Rebellengruppen, die in den Kampf gegen die jeweils verfeindete Ethnie zogen, die sie des Genozids bezichtigten. Unterstützt wurden die diversen Rebellen von den östlichen Nachbarländern des Kongo, entweder von Uganda oder Ruanda. Diese lieferten Waffen und Personal mit dem Ziel, ihre Vormachtstellung in der Region zu sichern und ihre eigenen Staatskassen mittels der erbeuteten Rohstoffe zu füllen. So waren chaotische, undurchschaubare, vor allem aber äußerst brutale Kämpfe und Massaker in Ituri und Umgebung während rund vier Jahren praktisch an der Tagesordnung. Abertausende Menschen verloren dabei ihr Leben, zu Hunderttausenden sahen sie sich gezwungen, aus der Provinz zu flüchten. Thomas Lubanga war keiner davon. Im September 2000 hatte er zusammen mit anderen politischen Verbündeten die *Union des patriotes Congolais,* kurz *UPC,* gegründet, die fast ausschließlich aus Angehörigen des Hema-Volks bestand. Fortan nahm er eine der Führungspositionen innerhalb der Partei ein, zwei Jahre später sollte er gar deren Präsident werden. Gleichzeitig stieg er auf zum Oberbefehlshaber der *Forces patriotiques pour la libération du Congo (FPLC),* der *Patriotischen Kräfte für die Befreiung des Kongo.* Diese bildeten den militärischen Flügel der *UPC.*

Hier stehen sie nun, in Reih und Glied, in einer schwarzen Richterrobe mit weißer Halskrause, und legen den Schwur ab. Einer nach dem anderen gelobt, sein Amt unparteiisch und gewissenhaft auszuüben, und für vie-

René in der Richterrobe des Internationalen
Strafgerichtshofs in Den Haag

le von ihnen entpuppt sich das englische Wort für »gewissenhaft«, »conscientiously«, als wahrer Zungenbrecher, was für reichlich Amüsement unter ihnen sorgt. Ihr Amtskollege Adrian Fulford, ein Brite, eilt zu Hilfe und übt mit ihnen die korrekte Aussprache. Überhaupt ist die Atmosphäre heiter, diverse illustre Gäste sind ihretwegen gekommen, um die Wichtigkeit dieser neu geschaffenen Institution zu unterstreichen, darunter die niederländische Königin Beatrix, der niederländische Ministerpräsident Jan Peter Balkenende und Kofi Annan, der Generalsekretär der Vereinten Nationen, den René bereits von der Friedensmission in Guatemala kennt. Auch Marianne und Noemi sind anwesend, ein Kinderchor begleitet zudem die Zeremonie mit musikalischen Zwischenspielen. Er singt »We Are the World«, diesen Welthit aus der Feder von Michael Jackson und Lionel Richie, und das Lied spiegelt präzis die Verbundenheit und Aufbruchsstimmung wider, die an diesem Dienstagabend im Binnenhof, dem Sitz des niederländischen Parlaments im Zentrum Den Haags, herrschen. Es ist der 11. März 2003, der Tag nach Mariannes Geburtstag, und René wird am neuen Sitz des Internationalen Strafgerichtshofs offiziell als dessen Richter vereidigt.

Nach der Inauguration ist einmal mehr Geduld gefragt. Während seiner gesamten juristischen Laufbahn hat René noch nie als Richter geamtet, und dennoch ist er sogleich der Hauptverfahrensabteilung zugeteilt, was ihn riesig freut. Die sogenannte *Trial Division* nämlich ist jene Instanz des Strafgerichtshofs, die den eigentlichen Prozess leitet, die Hauptverhandlung, allerdings erst, nachdem eine Vorverfahrensabteilung alle Anklagepunkte vonseiten des Chefanklägers geprüft und grünes Licht gegeben hat. Vorher kann ein Prozess nicht starten. Weil der Chefankläger des Gerichts, der Argentinier Luis Moreno Ocampo, aber gleich mehrere Investigationen in verschiedenen Vertragsstaaten des Römischen Statuts auf deren Erbitten eröffnet hat und diese erwartungsgemäß viel Zeit in Anspruch nehmen, bleibt René vorerst nichts anderes übrig, als abzuwarten. So lebt er weiterhin in La Paz und widmet sich seiner Anwaltskanzlei. Erst drei Jahre später kommt Bewegung in die Sache, nachdem Moreno Ocampo und seine Ermittler Dutzende von Zeugen ausfindig gemacht und befragt, mindestens so viele Beweise gesammelt und schließlich offiziell Anklage erhoben haben. Mit Erfolg. Die Vorverfahrensabteilung sieht es als erwiesen an, dass die von der Strafverfolgung hervorgebrachten Anschuldigungen plausibel sind. Nun kann es losgehen. Am 10. Februar 2006 erlässt der Strafgerichtshof einen seiner ersten internationalen Haftbefehle. Fünf Wochen später sitzt Thomas Lubanga in einem Charterflug von Kinshasa nach Den Haag.

Zeugenaussagen, die unter die Haut gehen

Während der gemeinsamen Zeit in Guatemala waren René, Marianne und Noemi nicht drum herumgekommen, täglich irgendwelche Sicherheitsvorkehrungen zu ihrem eigenen Wohl zu treffen. Wenn sie nicht von Leibwächtern begleitet oder chauffiert wurden, dann hatten sie jedes Mal, wenn sie Guatemala-Stadt verließen, an die Zentrale der MINUGUA zu rapportieren und ihren Standort mitzuteilen, ansonsten hätte diese, beim Verdacht einer Entführung oder eines Überfalls, innert kürzester Zeit einen Suchtrupp losgeschickt. Im Alltag der Blattmanns war dies ein nicht zu unterschätzender Umstand.

Aus diesem Grund äußerte Marianne den Wunsch, im neuen Zuhause in den Niederlanden auf all diese Maßnahmen zu verzichten, und René war einverstanden. Sie wollten sich endlich wieder freier, weniger eingeschränkt bewegen und auch fühlen, ohne ständig über ihre Schulter schauen zu müssen. Doch nun stehen plötzlich fünf bewaffnete Polizisten im Wohnzimmer und sorgen sich um ihre Sicherheit. Am helllichten Tag. Die Alarmanlage der Eingangstür war urplötzlich ausgelöst worden, und zwei Minuten später standen sie schon auf der Matte. Es gab sie eben doch, die Sicherheitsvorkehrungen, persönliche Präferenzen hin oder her. Als Richter des Internationalen Strafgerichtshofs hatte René gar keine andere Wahl, als diese zu akzeptieren, so bestimmte es die niederländische Regierung, die letzten Endes für den Schutz aller Gerichtsangestellten in Den Haag verantwortlich ist. Bloß, von einem Eindringling fehlt jede Spur. »Ihr Haus ist sauber, wir haben nichts entdeckt«, sagt einer der Polizisten, nachdem sie das gesamte Grundstück genauestens kontrolliert haben und nun zum Rückzug blasen. »Seien Sie unbesorgt.« Doch wieso um Himmels willen ging der Alarm überhaupt los? Hatte er etwa vergessen, die Anlage abzuschalten, als er vom Gerichtshof nach Hause kam, so, wie er es sonst immer tut? Anders kann es sich René nicht erklären. Aber irgendetwas musste der Sensor ja erkannt haben. »Nur eine Frage habe ich, Judge Blattmann.« Der Polizist steht bereits auf der Fußmatte vor der Tür, seine Kollegen sind schon in den Streifenwagen eingestiegen. Er wendet sich René zu: »Besitzen Sie ein Haustier?«

Der Quetzal ist das Wappentier Guatemalas, in der Kultur der Mayas gilt der Vogel mit seinem grünen Federkostüm, dem gelben Schnabel und der scharlachroten Brust als heilig. Seine Tötung stand früher unter Todesstrafe, was freilich nicht bedeutete, dass er nicht gejagt wurde. Die Könige und Priester trugen pompöse Kronen aus seinen prachtvollen Federn, und weil diese derart wertvoll waren, wurden sie im täglichen Handel sogar als Tauschmittel benutzt. Deswegen heißt die heutige guatemaltekische Währung ebenfalls Quetzal. Als René in dem zentralamerikanischen Land für die MINUGUA tätig war, kaufte sein Sohn Pablo in La Paz eines Tages einen Golden Retriever, und als es darum ging, dem Hund einen passenden Namen zu geben, besann er sich kurzerhand auf das Gastland seines Vaters. Damit wollte er ihm und Marianne, wenn sie nach Bolivien zurückkehrten, eine Freude bereiten, so wie René einst Mama Alicia eine Freude bereiten wollte, mit einem Rehlein, was allerdings nur mäßig klappte. Pablos Plan hingegen ging auf. René und Marianne schlossen den Golden Retriever sofort ins Herz, und so steht dieser nun im Vorgarten eines dieser typisch niederländischen Backsteinhäuser, neben einem niederländischen Polizisten, und schaut sein Herrchen mit einem Blick an, als könnte er kein Wässerchen trüben. »Quetzal! Komm sofort hierher!« Der Polizist lacht: »Hunde sind kluge Tiere, Judge Blattmann. Die wissen, wie man eine Tür aufmacht.«

Abgesehen von der Alarmanlage, die René stets daran erinnern sollte, dass sein Beruf ein nicht ungefährlicher ist, leben er, Marianne und Quetzal ein unbeschwertes Leben in Den Haag. Nur wenige Minuten vom Hauptsitz des Gerichts entfernt, haben sie ein Haus gekauft, und so fährt er jeden Morgen mit dem Fahrrad an seinen Arbeitsplatz. Pablo scherzt jeweils, er solle doch seine Richterrobe tragen, auf dem Rad würde er damit aussehen wie Batman. Tagsüber, wenn ihr Gatte im Gericht ist, frönt Marianne ihrer großen Leidenschaft, der Töpferei, und besucht einen Kurs in der Keramik-Hochburg Delft, eine Stadt wenige Kilometer südlich von Den Haag. Immer wieder bringt sie wunderschöne selbst gemachte Vasen und Töpfe mit nach Hause. In den Niederlanden fühlen sich die Blattmanns auf Anhieb wohl. Die Sprache macht ihnen kaum zu schaffen, mit dem Deutschen hat sie eine Menge gemeinsam, sie finden schnell ein soziales Umfeld. René freundet sich mit vielen Richtern an, auch mit solchen, die nicht am Internationalen Strafgerichtshof, sondern an anderen Haager Institutionen tätig sind. Einer von ihnen ist Thomas Buergenthal, der als Kind den Holocaust überlebte und später zu einem der weltweit renommiertesten Juristen für Menschenrechte aufgestieg. Seinen Memoiren, die unter anderem von den ersten Lebensjahren in den Konzentrationslagern Auschwitz und Sachsenhausen erzählen, hat Buergenthal den Titel »Ein Glückskind« gegeben. Es sind unbegreifliche Schicksale wie die seines Freundes, die René zu verstehen geben, weshalb der Internationale Strafgerichtshof als Hüter des Völkerrechts von derartiger Wichtigkeit für die Menschheit ist. Dass er dessen Entwicklung und Etablierung aktiv mitgestalten darf, erfüllt ihn mit Stolz und Demut. Es motiviert ihn, stets vollen Einsatz zu leisten und seine Arbeit als Richter nach bestem Gewissen zu erledigen. Und mögen die Herausforderungen noch so groß sein.

Im Saal herrscht eine merkwürdige Ruhe, die Anspannung ist förmlich spürbar. Der Blick der Anwesenden auf den Zuschauerrängen ist auf die schmale, unauffällige Tür in der linken Wand des Raums gerichtet, die sich nun jeden Moment öffnen wird. Unter den Gästen befindet sich auch eine Gruppe Rechtsstudierender aus Deutschland, die im Rahmen einer Exkursion den Strafgerichtshof besucht, gemeinsam mit ihrem Professor. Dieser erklärt seinen Studenten mit leiser Stimme jegliche Details, die ihm im Gerichtssaal aufgefallen sind, als er plötzlich vom Tuscheln des Publikums unterbrochen wird. Die Tür ist aufgegangen. Zwei Polizisten eskortieren ihn zu seinem Platz. Er trägt einen schwarzen Anzug, ein hellblaues Hemd und eine rote Krawatte, er wirkt äußerst gefasst, ja fast schon entspannt. Der Professor der Exkursionsgruppe zeigt mit dem Finger auf ihn und erklärt seinen Studenten, dass es sich bei ihm um den Angeklagten handle, worauf er von Richter Adrian Fulford zurechtgewiesen wird. Das Gericht will verhindern, dass sich irgendjemand im Saal zusätzlich exponiert fühlt. Der Rechtsprofessor setzt sich kleinlaut hin, und kurz darauf beginnt die Verhandlung. Es ist der 26. Januar 2009. Der Prozess gegen Thomas Lubanga wird offiziell eröffnet.

Was war passiert? Nun, die *Forces patriotiques pour la libération du Congo* waren mit ein Grund, weshalb sich in Ituri anfangs der 2000er-Jahre eine der größten humanitären Katastrophen in der jüngeren Geschichte Afrikas zutrug. Unter Lubangas Kommando töteten und folterten auch sie, die de facto nichts weiter als eine Rebellengruppe waren, Tausende Bewohner der Provinz oder trieben sie zur Flucht ins Exil. Ganze Dörfer wurden von ihnen geplündert und niedergebrannt, Frauen und Mädchen vergewaltigt, gesamte Schulklassen gefangen genommen. Natürlich waren die meisten Opfer Angehörige des verfeindeten Lendu-Volks, was allerdings nicht bedeutete, dass die Hema von Leid und Schmerz verschont blieben. Auf den Straßen Ituris lauerten die *FPLC* den »eigenen« Kindern auf, verschleppten sie in Trainingscamps, bildeten sie an den Waffen aus und schickten sie in den Kampf, andere wurden gar zu Lubangas persönlichen Leibwächtern. Die jüngsten unter ihnen waren keine zehn Jahre alt. Weigerten sie sich, an den blutrünstigen Praktiken der Rebellengruppe teilzunehmen und zu morden, drohte ihnen selbst der Tod. Lubanga wusste, wie einfach ein Kind beeinflusst werden kann, wie mächtig es sich fühlt, wenn es ein Maschinengewehr in der Hand hält. Wie unbesiegbar erst, wenn dies alles unter Drogeneinfluss geschieht. Perfide und ohne Rücksicht auf Verluste nutzte er die Machtlosigkeit der Kinder aus. Stets unter dem Vorwand, in der instabilen Provinz Ituri Frieden zu stiften.

Dafür hat sich Lubanga nun vor dem Internationalen Strafgerichtshof in Den Haag zu verantworten, vor René und seinen beiden Amtskollegen. Da wäre zum einen der Brite Adrian Fulford, der von der Queen einst an den *High Court of Justice* berufen wurde und von ihr den Ritterschlag erhielt. An der dritthöchsten juristischen Instanz Englands und Wales' urteilte er unter anderem über die Bombenanschläge vom 21. Juli 2005 in London, bei denen nur mit viel Glück niemand ums Leben kam. Vier der sechs Drahtzieher sollten dennoch lebenslange Freiheitsstrafen kassieren. Als Repräsentant des *Common Law,* des im angelsächsischen Raum vorherrschenden Rechtssystems, zeichnet sich

Adrian durch eine sehr praxisbezogene Arbeitsweise aus, denn das Gewohnheitsrecht, wie es auf Deutsch genannt wird, lebt von seinem hohen Grad an Pragmatismus und seiner Orientierung entlang bisheriger Präzedenzfälle. Diesbezüglich unterscheidet sich der Brite von den beiden Latinos im Bunde, die das auf ihrem Kontinent dominierende römisch-germanische Recht vertreten, das vor allem der Strafrechtsdogmatik folgt und sich auf spezifische Gesetzesartikel stützt. Neben René ist dies Elizabeth Odio Benito aus Costa Rica. Ab den späten 1970er-Jahren und dann nochmals anfangs der 1990er-Jahre hatte sie zwei Amtszeiten als Justizministerin ihres Heimatlandes inne, um die Jahrtausendwende herum war sie sogar Vizepräsidentin. Von 1993 bis 1998 arbeitete sie zudem am Internationalen Strafgerichtshof für das ehemalige Jugoslawien, der seinen Sitz ebenfalls in Den Haag hatte. Als dessen Richterin sollte Elizabeth eines Tages feststellen, dass ein bosniakischer Kommandeur zwar wegen diverser Kriegsverbrechen angeklagt war, nicht aber für die Vergewaltigung zweier serbischer Frauen in einem bosnischen Gefangenenlager, obwohl entsprechende Beweise vorhanden waren. »Vergessen Sie die Frauen nicht!«, rief sie während des Prozesses dem Chefankläger zu. So wurde der Bosniake schließlich zu 20 Jahren Gefängnis verurteilt, unter anderem wegen Folterverbrechen. Elizabeth war es gelungen, die Vergewaltigungen als solche einzustufen. Dank ihr ist diese Auslegung heute ein anerkannter Grundsatz im Völkerrecht.

Die Menschen- und spezifisch die Frauenrechte sind Elizabeth Odio Benitos Herzensangelegenheit. So überrascht es nicht, dass ihre Nomination zur Richterin am

Internationalen Strafgerichtshof von zahlreichen lateinamerikanischen Frauenorganisationen unterstützt wurde. Während des Lubanga-Prozesses setzt sie sich besonders für die kongolesischen Kriegsopfer ein, deren aktive Teilnahme am Verfahren hat für sie Priorität. Überhaupt ist es das allererste Mal in der Geschichte internationaler Strafgerichtsbarkeit, dass Opfer von sich selbst aus in den Zeugenstand treten, Beweise präsentieren und damit den Prozess mitgestalten können, ohne irgendeine Vorladung vonseiten der Anklage oder der Verteidigung. Einzig als Nebenkläger können sie nicht auftreten. Diese sogenannte *Victim Participation* hatten die Gründer des Strafgerichtshofs im Römischen Statut festgehalten, sie hatten damit einen bedeutenden Präzedenzfall geschaffen, und René, Elizabeth und Adrian ist es ein großes Anliegen, dem nun auch Sorge zu tragen. Natürlich müssen die Rechte des Angeklagten trotz all der Vorwürfe jederzeit gewahrt werden, darauf legt das Gericht ebenso Wert. Doch den Opfern sollte gleichermaßen eine Stimme gegeben werden. So dürfen sie von ihren Kriegserlebnissen ausführlich erzählen, auch von jenen, die verfahrenstechnisch gar nicht relevant sind.

Eine dieser Stimmen gehört Nummer 010. Wer genau sich dahinter verbirgt, ist aus Gründen des Personenschutzes nicht bekannt, doch den Anwesenden im Gerichtssaal erzählt die Dame, die in den Akten unter diesen Ziffern auftaucht, wie sie von Lubangas Rebellen versklavt und zu einer Kindersoldatin gemacht wurde. Mit ihren Eltern war sie auf der Flucht ins nächstgelegene Dorf in Ituri, weil in ihrem Heimatdorf heftige Gefechte zwischen den Rebellen stattfanden. Inmitten der vielen Menschen, die das Dorf eilig verließen, wurde sie von den Eltern getrennt. Verzweifelt suchte sie nach ihnen, als plötzlich eine Gruppe Soldaten aus den Büschen am Straßenrand sprang. Sie hatten Zivilkleider an und trugen Waffen. Sogleich wurden Nummer 010 und andere Flüchtende angehalten, die älteren wurden zur einen Seite gestellt, die jüngeren zur anderen. Letztere wurden von den Soldaten in die Trainingscamps mitgenommen, und mit ihnen auch 010. Sie war 13 Jahre alt. Im Camp rasierten die Männer ihren Kopf mit Glasscherben, sodass die Kopfhaut verwundet wurde. Ständig wurden von ihr Liegestützen verlangt, manchmal wurde sie hierfür in eine Regenpfütze gestellt, um sie zu demütigen. Ihr Kommandant missbrauchte sie wiederholt sexuell, und mit ihr viele weitere Mädchen. Diejenigen, die schwanger wurden, zwang man abzutreiben.

Ein zweites Kriegsopfer, das auf eigenen Wunsch aussagt, ist ein Schullehrer aus einem kleinen Dorf in Ituri. Er will diese Möglichkeit wahrnehmen und der Welt erzählen, was ihnen angetan wurde. Die Risiken, die mit dem Erscheinen vor Gericht verbunden sind, halten ihn nicht davon ab zu schildern, was sich Anfang Februar 2003 an seiner Schule zutrug. Eines Tages kam eine Gruppe bewaffneter *FPLC*-Soldaten zu ihnen, sie hatten Maschinengewehre und trugen Tarnanzüge. Das Ziel der Rebellen war, Schüler zu rekrutieren. Der Lehrer wollte sie daran hindern, weil sie alle noch minderjährig waren, da verlangten die Soldaten 500 Dollar pro Kind. Nur so würden sie freigelassen werden. Eine horrende Summe sei das gewesen, merkt der Lehrer an. Daraufhin schlugen ihn die Soldaten, er wurde beinahe ohnmächtig. Sein ganzes Hab und Gut stahlen sie ihm, die gesamte Schule wurde geplündert. Der Lehrer schildert ausführlich, und dann erwähnt er etwas Essenzielles: Die Rebellen hätten ihm gesagt, sie würden im Auftrag von Thomas Lubanga handeln. Als er ans Ende seiner Aussage gelangt, betont er, wie er heute, mehrere Jahre später, immer noch unter den damals erlittenen Schmerzen leide. »Wenn ich zu Ihnen spreche, habe ich Schwierigkeiten, mich zu konzentrieren. Ich habe leere Momente.« Damit ist der Lehrer nicht allein. Wie ihm geht es den meisten Kriegsopfern, die in Den Haag aussagen und die Öffentlichkeit an ihrem Leiden teilhaben lassen. Insgesamt 129 Zeugen werden während des gesamten Prozesses angehört, und ein Großteil von ihnen trägt Erzählungen vor, die unter die Haut gehen. Schilderungen, die teilweise nur schwer zu ertragen sind.

»Die Anklage, die gegen Thomas Lubanga erhoben wurde, ist unbedeutend, wenn man bedenkt, was wir alles erlebt haben«, betont der Lehrer aus Ituri, dessen Schule von *FPLC*-Soldaten geplündert wurde, während seiner Aussage. Tatsächlich, und das mag durchaus verstören, beinhaltet die Anklageschrift nur ein einziges Vergehen. Chefankläger Moreno Ocampo hatte Lubanga offiziell wegen der »Zwangsverpflichtung oder Eingliederung von Kindern unter fünfzehn Jahren in die nationalen Streitkräfte oder ihre Verwendung zur aktiven Teilnahme an Feindseligkeiten« beziehungsweise der »Zwangsverpflichtung oder Eingliederung von Kindern unter fünfzehn Jahren in Streitkräfte oder bewaffnete Gruppen oder ihre Verwendung zur aktiven

Teilnahme an Feindseligkeiten« angeklagt, gemäß den Artikeln 8(2)(b)(xxvi) und 8(2)(e)(vii) des Römischen Statuts ein Kriegsverbrechen. Die Vorwürfe der Feindseligkeiten an sich, also des Mordes oder der Vergewaltigung, suchte man in der Anklageschrift vergebens. Sogleich sah sich Moreno Ocampo mit Kritik konfrontiert. Diverse Menschenrechtsorganisationen forderten ihn auf, die Klage auszuweiten, der noch junge Internationale Strafgerichtshof müsse frühestmöglich den eigenen Ansprüchen gerecht werden, seine Kredibilität gelte es zu festigen, nicht zu verspielen. Doch Moreno Ocampos Entscheid war wohlüberlegt. Als allererster Chefankläger in der Geschichte des Gerichts wurde er mit Sperberaugen beobachtet, sein Handeln sollte wegweisende Grundsätze und Präzedenzfälle schaffen, an denen sich künftige Ankläger in späteren Prozessen orientieren würden. Das musste ihm bewusst sein. Wollte er die Strafverfolgung des Gerichts erfolgreich aufbauen und dessen Stellung zementieren, dann mussten nur schon Teilfreisprüche verhindert werden. Folglich war ihm das Risiko wohl zu groß, gleich im ersten Verfahren derart viel erzwingen zu wollen, womöglich zu viel. Die Kritik wäre dann noch lauter ausgefallen, vor allem aber hätte er damit dem Ansehen des Gerichts geschadet. Moreno Ocampo wusste, was auf dem Spiel stand. Und vermutlich ahnte er bereits, dass ihm nur schon dieser eine Anklagepunkt eine Menge Arbeit einbrocken würde.

Um Lubanga dieses Kriegsverbrechen nachweisen zu können, setzte der Chefankläger unter anderem *Intermediaries* ein, sogenannte Vermittler. Diese traten in Ituri für ihn mit Kriegsopfern und Zeugen in Kontakt, nahmen ihre Aussagen auf und unterstützten sie bei

Luis Moreno Ocampo (im weißen Anzug), der Chefankläger des ersten Falles des Internationalen Strafgerichtshofs, auf Besuch in der Demokratischen Republik Kongo, 2009

der Teilnahme und Vertretung im Gerichtsverfahren. Viele der Vermittler waren nicht direkt beim Strafgerichtshof angestellt, sondern bei Organisationen, die wiederum von diesem beziehungsweise von der Strafverfolgung angeheuert wurden. Am 27. Januar 2010, genau ein Jahr nach Prozessbeginn, erheben Lubangas Anwälte den Vorwurf, dass mehrere Vermittler versucht hätten, frühere angebliche Kindersoldaten der *FPLC* zu belastenden Aussagen gegen Lubanga zu bewegen, und zwar mittels Bestechungsgeldern. Insbesondere drei Vermittler seien wiederholt mit unlauteren Methoden an die Kinder herangetreten. Mit diesem Vorwurf will die Verteidigung all jene Zeugen diskreditieren, die von Moreno Ocampo während des Prozesses präsentiert wurden. Zwecks Personenschutz werden die drei Vermittler in allen Gerichtsakten unter dreistelligen Ziffern aufgeführt, und deswegen verlangt die Verteidigung von Moreno Ocampo, die wahren Namen offenzulegen, um die Vorwürfe vollständig untersuchen zu können. René, Elizabeth und Adrian sind sich schnell einig, dass der Antrag von Lubangas Anwälten legitim sei. Sie ordnen an, dass Moreno Ocampo die Identität der drei Vermittler preisgibt, sobald ihr Schutz vor der Öffentlichkeit garantiert ist. Des Weiteren fordern sie, dass der Chefankläger seine Vermittler zu deren Arbeitsmethoden in Ituri befragt.

Moreno Ocampo befolgt die Anweisungen nur bedingt. Die Identität von Vermittler 316 und 321 enthüllt er zwar nach längerem Hin und Her, doch bei Vermittler 143 bleibt er stur. Er gibt an, sich um dessen Sicherheit zu sorgen, er wäre im Kongo womöglich Repressalien ausgesetzt. René und seine beiden Amtskollegen zeigen sich davon aber unbeeindruckt. Zumindest Lubanga und seine Anwälte hätten das Recht, dessen Identität zu erfahren, die Anonymität vor der Öffentlichkeit ließe sich arrangieren. Erneut pochen sie auf die Enthüllung von Vermittler 143, erneut ohne Erfolg. Als Moreno Ocampo auch einer dritten Aufforderung nicht nachkommt, haben die Richter genug. Am 8. Juli 2010 beschließen sie unisono, den gesamten Prozess auf Eis zu legen. Sie sind überzeugt, dass ohne die Kooperation des Chefanklägers ein faires Verfahren für den Angeklagten nicht möglich ist. Und so ordnen sie Thomas Lubangas Freilassung aus der Untersuchungshaft an. Der Skandal ist perfekt. Das Gericht steckt in einer großen Krise.

Frieden durch Recht

Runde Geburtstage müssen gebührend gefeiert werden. Das hat sich auch René gedacht, als er im Januar 2008 60 Jahre alt wurde und sich entschied, hierfür eine spezielle Familienreunion einzuberufen. Marianne und er sahen ihre Kinder mittlerweile nur noch unregelmäßig, und so war dies der perfekte Zeitpunkt, um die gesamte Bande wieder einmal zusammenzutrommeln.

Einer seiner besten Freunde, der aus Trinidad und Tobago stammende Richter Karl Hudson-Phillips, hatte ihm angeboten, sein Ferienhaus in der Karibik zur Verfügung zu stellen. Ein Geschenk, das René natürlich nicht ausschlagen konnte. So verbrachte die Familie Blattmann zwei unbeschwerte Ferienwochen mit Strand und Sonne, weit weg vom regnerischen Den Haag, ohne jegliche Verpflichtungen und Ablenkungen. René genoss seinen Geburtstag und die Anwesenheit seiner Liebsten in vollen Zügen, doch gänzlich sein lassen konnte er es dann eben doch nicht. Am zehnten Tag rief er seinen Assistenten Alejandro an, einen jungen, intelligenten und verlässlichen Juristen aus Argentinien, der während seiner Abwesenheit für ihn übernehmen und im Gericht die Stellung halten sollte. René wollte sich lediglich erkundigen, ob alles in Ordnung sei, ob sich im Fall Lubanga irgendetwas Dringliches ergeben habe. Doch Alejandro ging nicht ans Telefon. So probierte er es wenig später ein zweites, dann ein drittes Mal. Vergebens. Immer kam der Anrufbeantworter. Er rief bei weiteren Assistenten an, beim Sekretariat und auch bei anderen Gerichtsangestellten, ebenfalls ohne Erfolg. Ein seltsames Gefühl beschlich ihn. Hatte es einen Notfall gegeben? Waren die Leitungen unterbrochen, war sonst etwas geschehen? Dass von all den Personen, mit denen er in Den Haag zusammenarbeitete, keine einzige seinen Anruf entgegennahm, kam ihm ziemlich suspekt vor. Wo waren sie denn alle? Die Stunden vergingen, doch niemand nahm seine Anrufe entgegen. Langsam, aber sicher machte sich René Sorgen. Und dann, nach einer gefühlten Ewigkeit, klingelte sein Telefon. Alejandro rief tatsächlich zurück.

- Judge Blattmann, es tut mir äußerst leid, dass ich mich erst jetzt melde. Soeben ist hier etwas geschehen …
- Was ist los, Alejandro?
- Es ist so, aus Gründen der höheren Gewalt –
- Jetzt sag schon, Alejandro. Was ist passiert?
- Nun ja … Wir hatten Besuch, Judge Blattmann.
- Von wem?
- Von Angelina Jolie.

Dass Luis Moreno Ocampo im Juli 2010 einen Prozessabbruch provoziert, ist kein Novum. Schon im Juni 2008, keine zehn Tage, bevor der Prozess gegen Thomas Lubanga offiziell beginnen sollte, sahen sich René, Elizabeth und Adrian zu solch einem drastischen Schritt gezwungen, nachdem sich der Chefankläger weigerte, seitenweise potenziell entlastendes Beweismaterial offenzulegen. Schon damals waren sie der Meinung, dass dadurch das Gebot eines gerechten Prozesses verletzt würde. Das Verfahren drohte zu enden, bevor es überhaupt begonnen hatte. Ganze fünf Monate lang schien die Situation aussichtslos, bis der Argentinier schließlich einlenkte, die Richter machten daraufhin ihren Entscheid zum Abbruch rückgängig, und so konnte der Prozess doch noch starten. Das war im Januar 2009. Nun, anderthalb Jahre später, ist man wieder am selben Punkt.

»Das muss frustrierend gewesen sein.«
»Ja, natürlich. Und doch war es nötig.«

Über die gesamte Erdkugel verteilt gibt es sie, die Gerichtsfälle, die nochmals aufgerollt werden müssen oder für nichtig erklärt werden, weil einem Richter oder einer Richterin irgendwelche prozessuale Fehler unterlaufen sind und dadurch die Rechte einer angeklagten Person beschnitten wurden. Wenn wesentliche Zeugenaussagen oder Beweise, die sie zu einem gewissen Grad entlasten, bei einer Verurteilung nicht oder nur bedingt berücksichtigt werden, dann darf nicht verwundern, dass ebendiese Person letztendlich auf freien Fuß kommt. Ganz unabhängig davon, ob sie wirklich schuldig ist oder nicht. Die einzige Gewissheit, die dann noch bleibt, ist, dass Monate, wenn nicht Jahre juristischer Arbeit dahin sind. Und dass dies für die Opfer ein herber Schlag ins Gesicht ist.

Eine solche Schmach wollen René, Elizabeth und Adrian um jeden Preis verhindern. Sie wollen die Dinge von Beginn weg korrekt machen, so wie dies alle Prozessparteien in Den Haag verdient haben. Das Römische Statut aber, das dem Gericht zugrunde liegt und das ihnen eigentlich als Wegweiser dienen sollte, stellt sie vor zusätzliche Schwierigkeiten. Auch wenn es ein völkerrechtlicher Meilenstein sondergleichen ist, so hat das Statut einen einzigen, nicht unbedeutenden Schönheitsfehler, wenn man so will. Viele der insgesamt 128 Gesetzesartikel waren in Rom ganz bewusst mehrdeutig verfasst worden, um den Richtern, die die Texte in der Praxis anzuwenden haben, mehr Interpretationsspielraum zu gewähren und potenziellen Auslegungen nicht schon frühzeitig den Riegel vorzuschieben. *Constructive ambiguity* nennt sich das in der Jurisprudenz, zu Deutsch Konstruktive Mehrdeutigkeit. Sie ist eine oft benutzte Verhandlungstaktik, um zwischen mehreren Parteien mit entgegengesetzten Standpunkten einen zumindest vorläufigen Konsens zu finden. So wurde im Statut beispielsweise der Begriff »Gender«, zu Deutsch Geschlecht, nicht näher definiert, wodurch die Verantwortung, darüber zu urteilen, auf René und seine beiden Amtskollegen abgewälzt wurde. War damit ausschließlich das männliche und das weibliche Geschlecht gemeint? Oder umfasste der Begriff auch weitere Geschlechtsidentitäten? In einem Prozess, der unter anderem Sexualverbrechen behandelt, haben solche Fragen ihre Berechtigung. Aufgrund der Konstruktiven Mehrdeutigkeit, vor allem aber, weil es in Den Haag bis dahin noch gar keinen Gerichtsprozess gegeben hat, in dem bereits erste Deutungen hätten vorgenommen werden können, stehen René, Elizabeth und Adrian vor wegweisenden Entscheidungen. Obschon alles viel Zeit in Anspruch nimmt, versuchen sie, diese nach bestem Gewissen zu treffen.

Das Fällen von unpopulären Entscheiden lässt sich hierbei gleichwohl nicht vermeiden. Der Abbruch des Prozesses, der ist ein solcher. Zumindest bei den Berufungsrichtern kommt er gar nicht gut an. René, Elizabeth und Adrian hätten weniger drastische Maßnahmen ergreifen sollen, lautet deren Kritik, sie hätten ihretwegen gar Sanktionen gegen den Chefankläger aussprechen können, nicht aber gleich den gesamten Prozess gegen Lubanga stoppen dürfen. Die zweite Instanz folgt damit einer Beschwerde von Moreno Ocampo und von Anwälten der Kriegsopfer, die mit dem Entscheid des Gerichts, wenig überraschend, alles andere als einverstanden sind. Und so beschließt die Berufungskammer im Oktober 2010, dass der Prozess fortgesetzt wird. Lubanga bleibt in Haft. Moreno Ocampo muss die Identität von Vermittler 143 nun definitiv enthüllen, er hat keine andere Wahl. René, Elizabeth und Adrian bekommen endlich, was sie verlangt haben. Der allererste Prozess in der Geschichte des Strafgerichtshofs hat eine weitere, entscheidende Wende genommen, und für Lubanga wird die Luft nun allmählich dünner. Im Dezember 2010 unternimmt seine Verteidigung zwar noch einen weiteren Versuch, einen Prozessabbruch zu erwirken, indem sie Moreno Ocampo erneut unlauterer Umgang mit Beweismaterialien vorwirft, doch die drei Richter weisen den Antrag ab. Obschon sie mittlerweile gelernt haben, dem Chefankläger genau auf die Finger zu schauen, finden sie fortan stets adäquate Mittel, um die Dissonanzen ohne größere Umstände aus dem Weg zu räumen.

Im Saal herrscht eine merkwürdige Ruhe, die Anspannung ist praktisch greifbar. Allen Anwesenden ist bewusst, dass sie an diesem 14. März 2012 Zeugen eines historischen Ereignisses werden, ungeachtet seines Ausgangs. Von zwei Polizisten wird er zu seinem Platz eskortiert, er trägt eine traditionelle Tracht des Volks der Hema, ein langes, weißes Gewand, verziert mit feinen Mustern. Wie ein Stammesoberhaupt sieht er darin aus. Auf dem Kopf trägt er eine ebenfalls weiße Kappe ohne Krempe, in die mit feinen Punkten zwei Sterne eingraviert sind. Auf den Publikumsrängen sind alle Sitze besetzt, das Interesse ist riesig. Medienvertreter aus aller Welt, die in den Tagen zuvor massenweise nach Den Haag gereist sind, haben sich im Gerichtsgebäude breitgemacht. In der vordersten Reihe Platz genommen hat auch die US-amerikanische Schauspielerin Angelina Jolie, die mit ihrem ersten, unangekündigten Besuch Jahre zuvor das Gericht praktisch lahmlegte, weil alle einen Blick auf sie werfen wollten. Als Sonderbeauftragte der Vereinten Nationen setzt sich Jolie leidenschaftlich für den Schutz von Flüchtlingen und Staatenlosen ein, ergo auch für die Kriegsopfer aus Ituri. Deren mutmaßlicher Peiniger tauscht jetzt noch ein paar letzte Worte mit seinen Anwälten aus, er, der während des gesamten Prozesses stets sie sprechen ließ und kaum je etwas selbst gesagt hat. Dann wird die Session eröffnet. Adrian Fulford beginnt vorzutragen, was er, Elizabeth und René in den Tagen und Wochen zuvor ausdiskutiert, beschlossen und schließlich niedergeschrieben haben, er tut dies mit einer stoischen Ruhe und in einem beinahe schon provozierend langsamen Tempo. Rund 30 Minuten spricht Adrian, und als er fertig ist, ist Thomas Lubanga kein Angeklagter mehr, sondern ein Verurteilter. Die drei Richter erheben sich, alle anderen im Saal machen es ihnen nach. Dann gehen sie langsamen Schrittes durch jene Tür, durch die sie zuvor reingekommen waren. Die Sitzung ist zu Ende. Der allererste Schuldspruch in der Geschichte des Internationalen Strafgerichtshofs ist Tatsache.

Rund ein halbes Jahr zuvor, Ende August 2011, hatten alle Prozessparteien ihr Schlussplädoyer vorgetragen, und Chefankläger Moreno Ocampo ließ sich hierfür etwas Spezielles einfallen. Niemand Geringerer als der US-amerikanische Jurist Benjamin Ferencz sollte auf seine Einladung hin ein paar Worte an die Anwesenden im Saal richten. Ferencz hatte während seiner gesamten Karriere nur in einem einzigen Prozess die Rolle eines Staatsanwalts eingenommen, im Zuge dessen er einen einzigen Zeugen hervorbrachte und seine Beweise innert zweier Tage darlegte. Und doch steht er für das internationale Völkerrecht wie kein anderer. Der Prozess nämlich, den er gewann, war einer der zwölf Nürnberger Nachfolgeprozesse, zu dessen Zeitpunkt er gerade mal 27 Jahre alt war. Bis zu seinem Tod am 7. April 2023 im Alter von 103 Jahren war er der letzte lebende Ankläger jener wegweisenden Prozesse. Zeitlebens machte sich Ferencz für ein permanentes internationales Strafgericht stark, er war einer der stärksten Befürworter und nahm in Rom eine wichtige Rolle ein, als das gesetzgebende Statut ausgehandelt wurde. Der Internationale Strafgerichtshof war ein Stück weit auch sein Lebenswerk. So sprach Ferencz am letzten Verhandlungstag des Lubanga-Prozesses: »Möge das Urteil dieses Gerichts für das erwachte Gewissen der Welt sprechen.«

Letztendlich stand der Schuldspruch, das Strafmaß für Thomas Lubanga wurde von den drei Richtern auf 14 Jahre Haft festgelegt, und tatsächlich sollte dies so was wie einen Weckruf darstellen. Einen Weckruf an die Weltgemeinschaft, dass die Zeiten der Straffreiheit vorbei sind, wie Moreno Ocampo selbst während des Prozesses betonte. Und so, wie das der Chefankläger sagte, klang es nach einer Warnung, die er laut und deutlich in die Welt hinaus sandte. Die Kriegsverbrecher und ihre Verbündeten, wo auch immer sie sich befanden oder noch befinden, ob im Untergrund oder in einem Präsidentenpalast, nahmen sie mit Sicherheit zur Kenntnis.

Wie ein Blick auf die Weltlage zeigt, hat die Warnung nicht alle davon abgehalten, weitere Verbrechen zu begehen und an ihren blutrünstigen Plänen festzuhalten, die Geschichte hat hierfür genügend Anhaltspunkte geliefert, und sie wird es auch künftig tun. Zweifel an der Abschreckungswirkung des Gerichts sind berechtigt. Vor allem bei Bürgern von Nichtvertragsstaaten des Römischen Statuts dürfte sie verpuffen. Doch die Vorstellung, eines Tages in Den Haag zu landen, lässt wohl keinen, der tatsächlich angeklagt worden ist, unbeeindruckt, auch wenn er es nicht zugeben würde. Jede Person, der eine Auslieferung droht, setzt alle Hebel in Bewegung, um sie zu verhindern, erst recht, wenn sie nie genau weiß, wie viel Zeit ihr dafür überhaupt bleibt. Die einen fliehen und tauchen unter, andere versuchen durch ein politisches Amt Immunität zu erlangen. Es sind völlig verschiedene Vorgehensweisen, die die Angeklagten wählen, um ihre Freiheit zu wahren. Doch wenn all diesen Methoden gemein ist, dass sie den Aktionsradius der Verbrecher eindämmen, wenn es ihnen gelingt, in diesen Menschen nur einen Funken Selbstreflexion zu entfachen, der sie eines Tages dazu veranlasst, keine weiteren Taten zu verüben oder innerhalb des eigenen Kreises davor zu mahnen, dann hat die Warnung eben doch gewirkt. Frieden durch Abschreckung ist keine Utopie. *Punitur ne peccetur,* sagte einst der deutsche Rechtsgelehrte Paul Johann Anselm von Feuerbach. Gestraft wird, damit kein Unrecht geschieht.

Überhaupt ist die Frage berechtigt: Was wäre die Alternative? Selbst wenn jeglicher Abschreckungsversuch seine Wirkung verfehlt und keine einzige Gräueltat verhindert, so legitimiert dies Straferlass immer noch nicht, im Gegenteil. Dann muss sich das Gesetz erst recht durchsetzen. Welche Botschaft würde denn vermittelt, wenn die Verbrecher dieser Welt nicht verfolgt würden? Sie gehören aus dem Verkehr gezogen und bestraft, ohne Zweifel. Wer weiß, vielleicht ist dies die einzige Möglichkeit, um in Regionen wie Ituri überhaupt jemals Frieden zu stiften. Viele der Friedensverhandlungen ziehen sich über Jahrzehnte hin, und oft enden sie erfolglos oder münden in neuen Konflikten. Vor allem aber bieten sie Kriegsparteien die Gelegenheit, für sich Amnestie auszuhandeln. Dank des Römischen Statuts hingegen sind die gesetzlichen Mittel gegeben, dem zuvorzukommen und zeitnah zu reagieren und zu handeln, wenn möglich in Zusammenarbeit mit den Regierungen der Vertragsstaaten. Der Lubanga-Prozess hat gezeigt, wie es geht. Frieden durch Recht ist mehr als eine Vision.

Es ist das, woran René und seine beiden Amtskollegen Elizabeth und Adrian während sechs Jahren gearbeitet haben, und zwar mit Erfolg. Nicht nur mit dem Schuldspruch, sondern mit dem gesamten Prozess an sich ist ihnen etwas Grundlegendes gelungen. Sie haben die Blaupause für viele nachfolgende Prozesse in Den Haag geliefert. Dass sie die Konstruktive Mehrdeutigkeit verlassen und dadurch etliche Grundsatzentscheidungen treffen mussten, ist den späteren Richterinnen und Richtern ohne Zweifel zugute gekommen, das Verfahren gegen Thomas Lubanga ist am Gerichtshof zu einer Referenz geworden. Sie haben aufgezeigt, dass eine Synthese des römisch-germanischen Rechts und des *Common Law* funktionieren kann und durchaus auch Vorteile mit sich bringt, genauso wie die *Victim Participation.* Sie haben demonstriert, dass mit viel Geduld, Disziplin und Entschlossenheit auch die höchsten juristischen Hürden gemeistert werden können. Natürlich ist nicht alles perfekt verlaufen, bei Weitem nicht, die Kritik von Kriegsopfern und Angehörigen, dass die Anklage die »wahren« Verbrechen, die Morde oder die Vergewaltigungen, außer Acht ließ und jenes der Rekrutierung von Kindersoldaten stärker gewichtete, sollte noch eine Weile nachhallen. Dass der Prozess zu viel Zeit in Anspruch genommen habe, wurde ebenfalls bemängelt. Und auch der Dialog der Richter mit der Anklagebehörde, mit Luis Moreno Ocampo, war nicht immer von gegenseitiger Zuneigung geprägt, die jeweiligen Auffassungen über die eigenen Befugnisse klafften teils weit auseinander. Doch solche Erkenntnisse hat es gebraucht, um den noch so jungen Gerichtshof, den ersten seiner Art, weiterzuentwickeln, mit dem Ziel, den universellen Ansprüchen eines Tages vollumfänglich Genüge zu leisten. Gerechtigkeit geschieht lieber spät als gar nie.

Und noch besser geschieht Gerechtigkeit direkt in den Kriegszonen statt im Gerichtssaal, auch wenn dies rückwirkend praktisch unmöglich ist. Der Internationale Strafgerichtshof versucht es dennoch. Im Dezember 2017 beschließt er nach langem juristischen Tauziehen, 425 Kriegsopfern aus der Provinz Ituri Wiedergutmachungsgelder auszuzahlen. Insgesamt 3,4 Millionen US-Dollar sollen sie erhalten. Weitere 6,6 Millionen werden zudem für noch nicht identifizierte Opfer, die zu einem späteren Zeitpunkt Aussagen machen könnten, reserviert. Weil Thomas Lubanga insolvent ist und für die Reparationszahlungen nicht aufkommen kann, werden die Kosten von einem Treuhandfonds übernommen, der schon bei der Gründung des Strafgerichtshofs, per Artikel 79 des Römischen Statuts, eingerichtet worden war. Den Schöpfern war es ein großes Anliegen, trotz des Fokus auf die Verbrecher deren Opfer nicht im Stich zu lassen. Das war im Juli 1998. Knapp 20 Jahre später, nach zahlreichen Rückschlägen und Hindernissen, die verarbeitet und aus dem Weg geräumt werden mussten, wurde auch dieses Ziel erreicht.

Der Weg entsteht beim Gehen, hatte Antonio Machado einst gesagt. Wie recht er doch hatte. Der Menschheitstraum vom Weltgericht, der bereits nach Ende des Zweiten Weltkriegs aufgekeimt ist und für lange Zeit auch einer bleiben sollte, hat sich viel Zeit gelassen, um in Erfüllung zu gehen. Doch was letzten Endes zählt, ist, *dass* er es getan hat. Anteil an dieser Verwirklichung gehabt zu haben bedeutet René viel. Ihm, Elizabeth Odio Benito und Adrian Fulford ist mit dem Urteil gegen Thomas Lubanga Großes gelungen, die drei gehören zu den ersten Richterinnen und Richtern des Gerichtshofs, die dem Römischen Statut ermöglichten, seine Wirkung in der Praxis vollends zu entfalten. Für spätere Haager Juristen haben sie damit den Weg geebnet. Ihre Namen sind in die Geschichte des Völkerstrafrechts eingegangen.

Apropos Geschichte: Ganz zu Ende erzählt ist der Fall Lubanga noch nicht. Zumindest nicht, wenn es nach René geht. Als der Prozess im Gang war, reisten er und Marianne an den freien Wochenenden gelegentlich nach Belgien, ins Nachbarland der Niederlande. Sie besuchten Brüssel, Antwerpen oder Brügge, sie verbrachten angenehme Tage in diesen Städten, und doch ließen die Ausflüge sie jeweils fassungslos zurück. René erinnert sich, wie sie an großen Statuen inmitten von Stadtparks oder Alleen vorbeigingen, und zwar an den Statuen von keinem Geringeren als König Leopold II. Tatsächlich hat Belgien, im Gegensatz zur Bundesrepublik Deutschland nach dem Zweiten Weltkrieg, seine blutrünstige Kolonialgeschichte nie richtig aufgearbeitet, im Gegenteil, es hat sich stets aus der Verantwortung gezogen und die Demokratische Republik Kongo mit all seinen innenpolitischen Konflikten ganz sich selbst überlassen. So waren die »Kongogräuel« vielen Belgierinnen und Belgiern bis ins 21. Jahrhundert hinein gar nicht bekannt, zumindest nicht aus dem eigenen Geschichtsunterricht. In den belgischen Schulbüchern blieben sie lange Zeit unerwähnt, und auch das Kolonialmuseum in Brüssel beleuchtete Leopolds Herrschaft auf keine Weise in einem selbstkritischen Kontext. Den entscheidenden Schritt in Richtung Aufklärung sollte das Königreich gar erst im Zuge der weltweiten Black-Lives-Matter-Proteste unternehmen, ausgelöst durch den Todesfall des Afroamerikaners George Floyd in den USA. Das war im Sommer 2020. Plötzlich entfachte ein politischer und gesellschaftlicher Diskurs über Belgiens Vergangenheit, etlichen Leopold-Statuen wurden die Hände abgehackt, die Monarchie unsanft aus ihrem Schlaf der Verdrängung und Vertuschung gerissen. Eine formelle Bedauernsbekundung von König Philippe, einem entfernten Nachkömmling von Leopold, an den kongolesischen Präsidenten ließ nicht lange auf sich warten. Doch was nützt ein solcher Brief, wenn der Schaden bereits angerichtet ist? Die »Kongogräuel« liegen mehr als ein Jahrhundert zurück. Belgien hätte wenigstens versuchen müssen, Krisenregionen wie Ituri zu stabilisieren und Friedensbemühungen zu betreiben. Es wäre das Min-

Marianne, Olivier (Noemis Mann), Noemi
und René in Brügge, Belgien, ca. 2010

deste gewesen. Sie waren es, die das Volk der Hema und jenes der Lendu einst gegeneinander ausspielten. Sie kamen in den Kongo, beuteten ihn aus und ließen ihn zerrüttet zurück. Und so steht für René außer Frage, dass Thomas Lubanga, trotz all seiner widerlichen Taten, doch auch ein Opfer ist: eines der Geschichte seines Landes. Eine Geschichte, die sich unter keinen Umständen wiederholen darf. Dies sicherzustellen ist ebenfalls ein wichtiger Auftrag des Internationalen Strafgerichtshofs.

Die Idealisten, sie werden gebraucht

Als René während der 1980er-Jahre als Vertrauensanwalt für die Schweizer Botschaft in La Paz tätig war, erhielt diese eines Sommertags einen Anruf, mit dem ein Schweizer Staatsbürger namens Friedrich Dürrenmatt seinen Besuch am darauffolgenden Tag ankündigte. Dürrenmatt war zu jener Zeit mit seiner zweiten Ehefrau Charlotte und seinem Leibarzt in Südamerika auf Reisen, und als René über Umwege von deren Besuch erfuhr und Marianne davon erzählte, schlug diese kurzerhand vor, die drei zum Abendessen nach Hause einzuladen.

Zusätzlich gab René dem Rektor der Deutschen Schule und dem *Chargé d'affaires,* dem Geschäftsträger der Botschaft, Bescheid, dass sie vorbeikommen sollten, denn er ahnte, dass die beiden große Bewunderer des Schriftstellers waren, der mit seinen Bühnenstücken wie »Der Besuch der alten Dame« oder »Die Physiker« internationale Erfolge feierte. Um ihnen eine Überraschung zu bereiten, behielt René die Anwesenheit Dürrenmatts allerdings vorerst für sich. Wenig später trudelten die Gäste aus der Schweiz im Familienhaus in Achumani ein, und als kurz darauf auch der Rektor und der *Chargé d'affaires* erschienen, erzählte René ihnen im Treppenhaus vom besonderen Gast. Da wurde Letzterer plötzlich kreidebleich im Gesicht, und René war sich sicher, dass die Überraschung gelungen war. Der *Chargé d'affaires* brauchte einen Moment, um sich von der Nachricht zu erholen, dann betrat er den Speisesaal, grüßte den Schriftsteller höflich und erkundigte sich nach dessen Aufenthalt in La Paz. Darauf antwortete Dürrenmatt: »Nun, von Ihrer Botschaft bin ich miserabel behandelt worden.« Wie sich herausstellen sollte, hatte er sich, als er die Botschaft anrief, mit seinem Namen vorgestellt, doch die Sekretärin am anderen Ende der Leitung antwortete ironisch, hier spreche Max Frisch, worauf Dürrenmatt erbost auflegte. Dem *Chargé d'affaires* erzählte die Sekretärin daraufhin lediglich, jemand habe sich einen blöden Telefonstreich erlaubt.

So war er nun mal, Friedrich Dürrenmatt: ehrlich, direkt und unverblümt. Wenn ihm etwas nicht passte, dann wussten das diejenigen um ihn herum. Als er in den 1940er-Jahren eines seiner allerersten Theaterstücke schrieb, »Romulus der Große«, verwendete er für

stehend: René und Marianne (2., 3. v.l.), sitzend: Friedrich Dürrenmatt (3.v.l.); in Blattmanns Stube in La Paz, Sommer 1983 einen der Dialoge zwischen Kaiser Romulus und dessen Kammerdiener Pyramus das Wort »Morgenessen«. Bei den späteren Proben zur Aufführung des Stücks, so erzählte er René und den anderen Gästen an jenem Abend in La Paz, wandte sich sein deutscher Korrektor an ihn. »Morgenessen« sei ein Helvetismus, ob er denn nicht lieber das standarddeutsche Wort »Frühstück« benutzen wolle. Also entschied sich Dürrenmatt, den Dialog umzuschreiben. Romulus spricht nun nach wie vor vom »Morgenessen«, woraufhin Pyramus ihn korrigiert, es heiße »Frühstück«. Die Antwort des Kaisers kommt postwendend: »Das Morgenessen. Was in meinem Hause klassisches Latein ist, bestimme ich.«

Und so war *sie* nun mal, Marianne. Äußerst gastfreundlich. Sie mochte es ungemein, Freunde und Bekannte nach Hause einzuladen und für sie zu kochen, und wenn es keine Bekannten waren, so ihre Devise, dann würden sie es werden. Das Beisammensein in gemütlicher Runde genoss sie stets, ob zu Hause in La Paz, in der Schweizer Heimat oder sonst wo. Gleichwohl wusste Marianne, dass sie sich nicht einsam fühlen würde, wenn René und die Kinder zwecks Beruf oder Studium mal für ein paar Tage außer Haus waren und sie alleine in Achumani zurückblieb, denn ziemlich sicher würde sie jemand besuchen kommen oder mit ihr etwas unternehmen. So vergingen die Tage ohne ihre Liebsten meist im Flug, und diese hatten wiederum keine Gewissensbisse zu haben, ohne sie verreist zu sein.

Im Juni 1994 war das nicht anders. Nach einem knappen halben Jahrhundert großen Misserfolgs war es der bolivianischen Fußballnationalmannschaft sensationell gelungen, sich für die Weltmeisterschaft in den

Vereinigten Staaten zu qualifizieren, und prompt sollte ihr die Ehre zuteilwerden, das Eröffnungsspiel zu bestreiten. Dass sie dabei ausgerechnet auf den scheinbar übermächtigen Titelverteidiger aus Deutschland treffen würde, mochte zwar die Chancen auf einen Sieg schmälern, nicht aber die Euphorie einer ganzen fußballverrückten Nation, die ihre Helden am 17. Juni in den traditionell grünen Trikots unterstützen wollte, wo sie nur konnte, zu Hause vor dem Fernseher oder, wer das nötige Kleingeld hatte, gleich im *Soldier Field Stadium* in Chicago. Einer davon war auch René, denn eine amerikanische Fluggesellschaft, mit der er einst geschäftlich zu tun hatte, ließ ihm zwei Sponsorentickets zukommen, eins für ihn und eins für Marianne. Doch diese hielt nicht viel von Fußball. Ob das denn wirklich nötig sei, dass 22 Spieler auf dem Feld einem einzigen Ball nachjagen, fragte sie jeweils süffisant, die würden sich dabei ja nur wehtun. Wäre es nach ihr gegangen, hätte jeder von ihnen einen eigenen Ball bekommen. So entschied sie sich, in La Paz zu bleiben und ihr Ticket für das Eröffnungsspiel stattdessen Pablo zu schenken, dem mit Abstand größten Fußballfan in der Familie. So war sie eben auch, Marianne. Uneigennützig, selbstlos. Sie spürte, dass ihre beiden Männer die gemeinsame Vater-Sohn-Zeit in vollen Zügen genießen würden, und dem wollte sie nicht weiter im Wege stehen. Dass die Reise nach Chicago Pablos Leben grundlegend verändern sollte, konnte aber auch sie nicht ahnen.

Nach dem Urteil gegen Thomas Lubanga heißt es für René im Sommer 2012, vom Strafgerichtshof Abschied zu nehmen. Das Römische Statut verunmöglicht ihm

Eröffnungsspiel Weltmeisterschaft 1994,
Bolivien gegen Deutschland, Soldier Field
Stadium in Chicago

eine Wiederwahl als Richter, und so haben er und Marianne schon Monate zuvor, als sich das Ende des Prozesses langsam, aber sicher abgezeichnete, damit begonnen, sich mit der Zukunft auseinanderzusetzen. Doch ist dies nach derart intensiven, letztlich aber wunderschönen sechs Jahren in Den Haag einfacher gesagt als getan. Sollten sie in Europa bleiben? In Holland, oder vielleicht doch lieber in der Schweiz? Oder sollten sie nach Bolivien zurückkehren, ins vertraute Heim in La Paz? Nun, letzten Endes bleibt ihnen die Qual der Wahl erspart. Eines Abends klingelt das Telefon, Gerhard Werle ist dran, René kennt ihn bereits von früheren Fachkonferenzen. Er hört sich aufmerksam an, was Werle anbietet, dann bespricht er sich mit seiner politischen Beraterin. »Schatz, was hältst du von Berlin?«, fragt er Marianne. Doch die Antwort kennt er bereits.

Die Humboldt-Universität mit ihren rund 35 000 Studierenden ist die größte und älteste Hochschule der deutschen Hauptstadt und eine der renommiertesten der gesamten Republik. Dutzende Nobelpreisträger und weitere Persönlichkeiten, die das Weltgeschehen auf unterschiedlichste Weise prägten und prägen, hatten sich in den altehrwürdigen Auditorien und Forschungsräumen dieser Institution einst ihr Wissen angeeignet oder es weitergegeben. Der deutsche Reichskanzler Otto von Bismarck studierte hier genauso wie der Komponist Felix Mendelssohn, der Philosoph Arthur Schopenhauer oder die beiden Freunde Karl Marx und Friedrich Engels, Albert Einstein dozierte hier einst genauso wie die Gebrüder Grimm. Und nun darf sich auch René in diese Liste illustrer Namen einreihen. Gerhard Werle, Professor für deutsches und internationales Strafrecht und Verfasser diverser anerkannter Lehrbücher, hatte ihn dem Dekan der juristischen Fakultät als neuen Gastdozenten vorgeschlagen, und so führte eins zum anderen. Über das Angebot der Humboldt-Universität freut sich René besonders, denn nur wenige Jahre zuvor, im November 2010, hatte sie ihm bereits die Ehrendoktorwürde verliehen, für seine »maßgeblichen Beiträge zur Durchsetzung der Menschenrechte, zum Aufbau der internationalen Strafjustiz sowie zur Fortentwicklung des Völkerstrafrechts«. Nun bekommt er die Gelegenheit, eine neue Generation von Juristinnen und Juristen dafür zu begeistern, diese Errungenschaften zu hüten, zu verteidigen und fortzusetzen.

Im Frühling 2013 ziehen Marianne und René nach Berlin, und auch hier fühlen sie sich auf Anhieb wie daheim. Mit Werle und dessen Gattin entwickelt sich umgehend eine tiefe Freundschaft, im Ortsteil Charlottenburg finden sie zudem eine passende Stadtwohnung, gleich neben dem Savigny-Platz, benannt nach dem deutschen Juristen Friedrich Carl von Savigny, der Anfang des 19. Jahrhunderts ebenfalls an der Humboldt lehrte. Den Arbeitsweg hin zur rechtswissenschaftlichen Fakultät legt René mit dem Fahrrad zurück, das er in Den Haag gekauft hat. Er durchquert jeweils den Großen Tiergarten und verlässt ihn beim Brandenburger Tor, von dort fährt er dann den Boulevard Unter den Linden hoch bis zum Bebelplatz, wo sich das Denkmal zur Erinnerung an die Bücherverbrennung im Mai 1933 befindet. Jedes Mal, wenn René auf seinem Fahrrad sitzt und durch Berlins Straßen saust, wird ihm vor Augen geführt, welche unglaubliche Historie in dieser Stadt steckt. Es ist eine Faszination sondergleichen, und so schließen er und Marianne die deutsche Hauptstadt schnell ins Herz. Dass nebst der eigenen auch

Noemi, René, Claudia und Marianne, Ehrendoktorverleihung
Humboldt-Universität zu Berlin, 2010

der lateinamerikanischen Geschichte Tribut gezollt wird, freut ihn umso mehr: Gleich beim Eingang zum Hauptgebäude der Fakultät befindet sich eine Büste von Simón Bolívar, dem allerersten Präsidenten Boliviens, der das Land einst von der Herrschaft Spaniens befreite und nach dem das Land benannt ist. René spürt von Beginn weg, dass an der Humboldt global gedacht und gelehrt wird. Das *South African-German Centre for Transnational Criminal Justice* (Südafrikanisch-Deutsches Fachzentrum für transnationale Strafjustiz) etwa, das von Werle geleitet wird und die Ausbildung afrikanischer Juristen fördert, ist fester Bestandteil seiner Fakultät, was René außerordentlich begrüßt, weiß er vom Fall Lubanga doch nur zu gut, wie sehr solche Leute in den verschiedenen Krisenregionen Afrikas gebraucht werden. Und so macht er seine Erfahrungen und Erlebnisse am Internationalen Strafgerichtshof in Den Haag zum wiederkehrenden Thema seiner wöchentlichen Vorlesungen.

René erzählt den Studierenden von den Kriegsverbrechen in Ituri, von den Kindersoldaten der *Forces patriotiques pour la libération du Congo*, von Zeugin Nummer 010, vom Schullehrer. Er lehrt sie das Völkerstrafrecht, er erklärt ihnen, wie darauf basierend das Römische Statut entstanden ist und welche große Rolle der Gerichtshof in der Geschichte des Völkerrechts spielt. Er erzählt von seinen Kollegen Adrian Fulford und Elizabeth Odio Benito, aber auch von Luis Moreno Ocampo, dem Chefankläger, dem sie gleich zweimal vehement die Stirn bieten mussten. Und so führt er die angehenden Juristinnen und Juristen auch in das in Den Haag geltende Prozessrecht ein. Die Vorlesungen und der Austausch mit ihnen bereiten ihm großes Vergnügen, er genießt es, nach vielen Jahren wieder Dozent zu sein. Er fühlt sich an seine früheren Professuren in La Paz erinnert, an jene an der San Andrés und an der San Pablo, zu Zeiten, als er sich nicht im Traum hätte vorstellen können, dass ihn seine akademische Reise einst nach Deutschland führen würde. Zusammen mit Gerhard Werle zieht es ihn darüber hinaus sogar nach Südafrika, denn dieser hat an der *University of the Western Cape* in Kapstadt eine Gastdozentur inne und leitet im Sommer 2014, in Kooperation mit einheimischen Dozenten, ein mehrwöchiges Sommercamp. So kommt René die Ehre zuteil, angehende afrikanische Juristen in die Welt der Völkerrechtler einzuführen. Es sind solche Begegnungen und Erfahrungen, die Renés Gastdozentur zu einer unvergesslichen Zeit werden lassen. »Fortzugehen bedeutet, ein wenig zu sterben«, sagt er an der Absolventenverabschiedung im Wintersemester 2014, deren Festrede er halten darf. Er zitiert den französischen Schriftsteller Edmond Haraucourt, und sicherlich hat er dabei auch bereits den eigenen Abschied von der Humboldt im Hinterkopf, der wenige Wochen später Tatsache wird. »Man lässt einen Teil seines Lebens zurück.« Der Weggang aus Berlin nach knapp zwei Jahren sollte René und Marianne alles andere als leichtfallen.

Am Ende gewann Deutschland das Eröffnungsspiel, wie konnte es anders sein. Die Bolivianer hatten zwar auch ihre Chancen und lange gut mitgehalten, aber nur bis zur 61. Spielminute. Dann nutzten die Herren in Weiß einen Stellungsfehler von Torhüter Carlos Trucco eiskalt aus, Jürgen Klinsmann musste nur noch einschieben. Dabei sollte es bleiben, es fielen keine weiteren Tore. Die Niederlage dürfte unter den bolivianischen Fans keine große Überraschung ausgelöst haben, und in der Folge geriet das Resultat schnell in Vergessenheit. Stattdessen gab es auf den Rängen des *Soldier Fields* nach Abpfiff nur noch ein Gesprächsthema, und zwar die eine Szene, die sich gegen Ende des Spiels zugetragen hatte. Boliviens bekanntester und bester Spieler, Marco Etcheverry, den sie in der Heimat »El diablo« nannten, den Teufel, war in der 79. Minute eingewechselt worden, um das Spiel noch zu drehen, doch nur drei Minuten später war sein Arbeitstag bereits wieder zu Ende. Lothar Matthäus, seines Zeichens ebenfalls kein Kind von Traurigkeit, hatte dem heißblütigen Linksfuß nach einem harten Zweikampf wohl etwas gesagt, das nicht auf Spanisch übersetzt werden musste, und so verpasste Etcheverry dem Deutschen einen Fußtritt. Der Schiedsrichter sah die Tätlichkeit und zeigte dem Teufel sofort die rote Karte.

Natürlich war auch Pablo frustriert. Er war sich sicher, dass mehr dringelegen hätte, dass Etcheverry bestimmt noch der Ausgleich gelungen wäre, wenn er seine Nerven im Griff gehabt hätte. Doch es hat nicht sollen sein. Nun war René gefragt, seinen Sohn zu trösten. Gleich gegenüber vom Stadion hatte er vor dem Spiel zufällig ein thailändisches Restaurant entdeckt, und weil er wusste, dass Pablo noch nie in seinem Leben Thailändisch gegessen hatte, sollte diese Premiere nun der Stimmungsaufhellung dienen. Also verließen sie die Haupttribüne in Richtung Ausgang, vorbei am deutschen Bundeskanzler Helmut Kohl und den anderen Ehrengästen, gingen die Treppen runter, raus aus dem *Soldier Field,* überquerten die Straße, nahmen im Restaurant Platz. René bestellte für beide, und alsbald kamen zwei Tom-Kha-Gai-Suppen. »Probier, Pablo.«

»Und, hat's ihm geschmeckt?«
»Er sagte zu mir: ›Papa, das duftet wie Parfüm!‹«

Der Rest ist Geschichte. Im französischen Lyon, das für seine Cuisine weltberühmt ist, wurde Pablo zum Koch ausgebildet, am Institut des großen Meisters Paul Bocuse erlernte er das Handwerk von verschiedenen Spitzenköchen, und schon wenig später zog es ihn nach Thailand. In einem Luxushotel in Phuket absolvierte er ein Restaurant-Management-Training, sechs Monate lang. Geblieben ist er bis heute. Während der Ausbildung lernte er seine heutige Ehefrau Bee kennen, die selbst aus Phuket stammt, und 2008 eröffneten sie ihr gemeinsames Restaurant. Auf der Karte steht das Vorzüglichste, das die asiatische und die französische Küche zu bieten haben, und natürlich dürfen auch Schweizer Spezialitäten wie das *Zürigschnätzlete,* das Raclette und das Fondue nicht fehlen. Jedes Mal, wenn René seinen Sohn in Thailand besucht, ist für ihn einer der besten Tische reserviert.

Die letzten paar Jahre waren allerdings auch für Pablo keine einfachen. Die Coronapandemie und der damit verbundene Einbruch der Gästezahlen haben ihn und Bee dazu gezwungen, zu improvisieren und ihre beruflichen Pläne anzupassen. Während der ersten Welle starteten sie mit weiteren Freiwilligen die sogenannte »Help us to help«-Kampagne für Notbedürftige in Phuket, im Zuge derer über 6000 kostenlose Mahlzeiten herausgegeben wurden, inklusive Dessert. Die eigenen Sorgen aber, die konnte die Hilfsaktion freilich nicht tilgen, mit einer ausbleibenden Kundschaft lässt sich ein Gastrobetrieb nicht erfolgreich führen. So kommt es, dass Pablo und Bee seit dem Sommer 2021 ihren Lebensmittelpunkt saisonal zwischen Thailand und der Schweiz aufteilen. In Basel arbeiten sie in der Küche und im Service eines renommierten Restaurants, was ihnen ermöglicht, auch wieder näher bei Pablos Familie zu sein. Schwester Claudia ist mittlerweile ebenfalls verheiratet, mit ihrem Ehemann und den beiden Kindern wohnt sie in Freiburg im Breisgau, nur eine Autostunde von Basel entfernt, und arbeitet als Organisationspsychologin und -beraterin. Und aus Noemi ist eine Physiotherapeutin geworden. Sie hat sich mit ihrer Familie ebenfalls ganz in der Nähe von Basel niedergelassen, in derselben Gemeinde wie ihr Vater.

Seit Januar 2021 lebt René in einem brandneuen Wohnkomplex, nur wenige Gehminuten von Noemis Haus entfernt. Regelmäßig hütet er seine Enkelkinder, dann ist er ihr »Abu«, wie sie ihn liebevoll nennen, ihr *Abuelo.* Er genießt das Großvatersein. Seine Liebsten um sich herum zu haben bedeutet ihm viel, und so fühlt er sich wohl in Basel, in der Heimat *seines* Großvaters, dort, wo seine juristische Laufbahn einst seinen Anfang nahm. Hier ist für ihn ein weiteres Mal ein neues Zuhause entstanden. Von seinem zweiten Stock aus sieht man Wiesen, Landstraßen, die zwei riesigen Roche-Türme von Basel in der Ferne, den Nachbarn in die Stube hinein. Im Wohnzimmer hängen diverse Gemälde, eine Lithografie von Joan Miró etwa, oder eines von Milguer Yapur, einem Künstler aus Bolivien. Auf dem Holzschrank neben dem Esstisch steht die Justitia, neben der Küche ein weiteres Gemälde Yapurs. Daneben liegen mehrere Andenken aus seiner Heimat in einer Glasvitrine. Wer sein Wohnzimmer betritt, fühlt sich unweigerlich ein Stück weit in jene Welt versetzt, in der man Hola sagt und nicht Hallo.

Auf dem Holzschrank befinden sich auch mehrere Keramiktöpfe und Tassen, alle mit viel Liebe zum Detail von Hand bemalt. Für René haben sie eine ganz spezielle Bedeutung. Nach der Dozentur in Berlin war für ihn klar, dass er keine weitere Stelle mehr antreten würde, schließlich war er mittlerweile 67 Jahre alt. Was hätte denn noch dazukommen sollen, hatte er sich gefragt, er hatte praktisch schon alles erreicht, was ein Jurist in seiner Karriere je erreichen kann. Alle seine Träume waren in Erfüllung gegangen. Die Zeit war nun reif, in Ruhestand zu gehen, und diesen wollte er zusammen mit Marianne in vollen Zügen genießen. Einer der Pläne, die sie schmiedeten, sah vor, nach Bolivien zurückzukehren, das sie rund zehn Jahre zuvor verlassen hatten und das sie natürlich vermissten. Im Departamento Cochabamba, der klimatisch angenehmsten Region im Land, wollten sie an den Ufern eines Flusses ein schmuckes Haus kaufen. Aber dann, im Frühling 2015, während sie bei Pablo in Phuket weilten, erkrankte Marianne. Sofort kehrten die drei nach Europa zurück, in die Schweiz, wo sie in die Obhut der Ärzte kam. René blieb stets an ihrer Seite, er half ihr, wo er nur konnte. Doch es ging alles viel zu schnell.

Was bleibt, sind die Erinnerungen. Was bleibt, ist Dankbarkeit. Alles begann einst ganz klein und unscheinbar in einem Hörsaal der Universität Basel, und vielleicht hatten sie sich damals selbst gar nicht auszumalen gewagt, wo sie das Leben überall hinführen würde. Ob in Bolivien, in La Paz, ob in Guatemala, in Den Haag oder in Berlin. Ob auf den vielen verschiedenen Reisen, die sie gemeinsam unternommen hatten, privat und beruflich, nach Brasilien, in die Karibik, nach Japan, nach Thailand. Marianne war immer da. Sie war immer an Renés Seite. Sie war die Mutter seiner Kinder, seine beste Freundin, seine politische Beraterin. Sein Ruhepol, seine Stütze. Seine Gattin. Ein Teil seiner selbst.

Pünktlich um zehn Uhr bin ich bei ihm, wie abgemacht. Er öffnet die Tür, wir begrüßen uns, tauschen Neuigkeiten aus. Pablo und Bee sind auch da. Ich mache mir meinen Kaffee, so wie immer, ich weiß inzwischen, in welchem Regal sich die Kapseln befinden. Dann richte ich mich am großen Esstisch im Wohnzimmer ein, mit dem Rücken zum Yapur, dem bunteren der beiden. Immer wieder habe ich mich dabei erwischt, wie ich ihn bestaunt und mich gefragt habe, was oder wen die vielen Gestalten mit den Hüten drauf wohl repräsentieren könnten. Ich nehme den Laptop hervor, meinen Notizblock, die Unterlagen, beantworte noch schnell die letzten WhatsApp-Nachrichten. Für die nächsten Stunden will ich ungestört mit René sein. Er schließt die Balkontüre. Es ist frisch geworden.

> »Wo waren wir stehen geblieben? Ah ja, stimmt. Khan.«

Während René und ich an diesem nebligen Märztag 2023 in einem idyllischen Basler Vorort eine unserer letzten »Sessionen« für seine Biografie abhalten, ist der Angriffskrieg Russlands auf die Ukraine seit einem Jahr in vollem Gang. Wladimir Putin scheint partout nicht

aufgeben zu wollen, stattdessen lässt er Abertausende seiner Landsmänner einziehen und an die Front schicken, auch solche, die keinerlei Kampferfahrung haben. Überdurchschnittlich viele von ihnen sind Indigene aus den abgelegenen Regionen Sibiriens, sie gehören zum Volk der Jakuten oder der Schoren. Im Iran zerschlägt das Mullah-Regime die Aufstände aus dem Volk mittels willkürlicher Festnahmen und Vergiftungen. Es vergeht kein Tag, an dem Iraner, vor allem aber Iranerinnen aus den verschiedensten Regionen des Landes nicht lautstark »Frauen, Leben, Freiheit« skandieren und dabei Zweiteres riskieren, auch mehrere Monate später, nachdem die Sittenpolizei die 22-jährige kurdischstämmige Jina Mahsa Amini Mitte September 2022 verhaftet und getötet hatte, weil sie ihren Hijab nicht korrekt trug. An der Grenze zu Kolumbien warten täglich Hunderte von Venezolanern darauf, im Nachbarland Asyl zu erhalten, in ihrer Heimat haben sie keine Zukunft mehr, Diktator Nicolás Maduro hält das Volk weiterhin im Würgegriff. Genauso wie Baschar al-Assad die Menschen in Syrien oder die Taliban jene in Afghanistan. Die Uiguren werden in China immer noch verfolgt und systematisch misshandelt, so wie die Rohingya in Myanmar.

Als Konsequenz des aktuellen Weltgeschehens gerät auch der Internationale Strafgerichtshof mehr denn je in den Fokus. René stört das nicht, im Gegenteil. Und optimistisch wie er ist, will er nicht ausschließen, dass russische Befehlshaber oder venezolanische Regierungsbeamte eines Tages vielleicht doch nach Den Haag ausgeliefert werden, auch wenn zumindest Russland kein Vertragsstaat des Römischen Statuts ist. Entsprechende Ermittlungen laufen bereits, gegen Putin wurde am 17. März 2023 gar ein internationaler Haftbefehl erlassen, und zwar auf Erbitten von Karim Asad Ahmad Khan, dem aktuellen Chefankläger des Gerichtshofs und somit einer der Nachfolger von Luis Moreno Ocampo. René glaubt, dass Khan gute Arbeit leistet, wichtige Arbeit. Er hat Vertrauen in den Briten mit pakistanischen Wurzeln, auch weil diesem gelungen ist, den Horizont der Chefanklage nochmals zu erweitern. In der frühen Geschichte des Gerichtshofs hat sich diese ausschließlich mit afrikanischen Staaten befasst, mit dem Kongo, dem Sudan oder mit Uganda. Die Anklage gegen Thomas Lubanga steht exemplarisch für diese »afrikanische Voreingenommenheit«, die dem Gerichtshof immer wieder unterstellt worden ist, meist von afrikanischen Regierungen selbst. Ob berechtigt oder nicht, Khan ist es gelungen, diese Kritik zu entkräften. Er schaut auch jenseits des Kontinents genau hin. In Afghanistan, in Venezuela. In der Ukraine. Kein Verbrecher soll sich vor ihm in Sicherheit wähnen.

Die Bürgerinnen und Bürger dieser Länder aber, sie sollen in Sicherheit leben dürfen. Da sind die Bolivianerinnen und Bolivianer mitgemeint, und folglich auch René. Zu seinem Heimatland hat er bereits alles gesagt, was gesagt werden muss, noch mehr exponieren möchte er sich nicht. Ein Menschenrechtsbeobachter, mit dem er bis heute in Kontakt steht, ließ ihm gegenüber kürzlich durchblicken, dass es womöglich nicht das Allerklügste sei, nochmals nach Bolivien zurückzukehren: »Du bist nach wie vor ein Symbol für die Menschen hier«, sagte er. Was er damit meinte: Unter Umständen könnte René für die Regierung zu einem roten Tuch werden. Mehrere seiner früheren »Robins« sind es bereits geworden oder werden es wohl bald sein. In Gremien und Vereinen organisieren sie sich

René mit seiner Vize-Justizministerin
Kathia Saucedo an einer Konferenz der
Vereinten Nationen in Genf, ca. 1996

und führen ihr Engagement für mehr Gerechtigkeit fort, so, als würde »ihr« Justizministerium immer noch existieren. In ihren Köpfen tut es das. Sie offerieren unentgeltlichen Rechtsbeistand, da es die *Defensa Pública* nicht mehr gibt, sie klagen die Missstände offen an und fordern Justizreformen, in den Medien und in den sozialen Netzwerken. Sie engagieren sich politisch, so gut es geht, sie sammeln Unterschriften für ein Volksreferendum, so wie Kathia Saucedo etwa, Renés frühere Vize-Justizministerin. »Jedes Mal, wenn ich in einer kniffligen Situation stecke, frage ich mich, wie Sie wohl handeln würden, Señor Ministro«, schrieb sie ihm unlängst. Mit ihr und anderen ehemaligen Schützlingen steht er oft im Austausch. In Gedanken ist er fest bei ihnen, bei seinen Landsleuten, davon kann ihn auch die Distanz nicht abhalten. Im August 2018 spendete René der Universität San Pablo, an der er anfangs der 1990er-Jahre unterrichtete, eine Büchersammlung von über 600 Exemplaren, überwiegend juristische Bücher, die sich mit dem Verfassungsrecht auseinandersetzen, mit dem Straf- und dem Völkerrecht, mit den Menschenrechten. Seither steht die Sammlung allen Studierenden und Dozierenden, aber auch der Öffentlichkeit zur Verfügung, im Internet genauso wie in der Bibliothek. Die Menschen sollen lesen und sich informieren, sie sollen sich Wissen aneignen. Sie sollen sensibilisiert werden für das, was um sie herum geschieht. Und sie sollen in den Büchern Antworten auf all ihre Fragen finden. Wissen ist Macht, es kann eine Waffe sein, das Gesetz ebenso. Er selbst hatte es einst geschafft, unlautere Umstände zu bekämpfen, und zwar einzig mithilfe des Gesetzes. Wenn ihm dies einst gelungen war, dann wird es in Bolivien auch künftig Juristinnen und Juristen geben, denen dies gelingt. Voraussetzung ist, dass sie inspiriert und gefördert werden, dass ihnen die richtigen Ideale vermittelt werden. Dass sie verinnerlichen, dass niemand, aber wirklich niemand über dem Gesetz steht. Gerechtigkeit ist nicht verhandelbar. Dieses Prinzip hat René zeitlebens verfochten.

»Du könntest wieder dozieren gehen, René.«
Er lächelt. »Wer weiß, vielleicht wag ich's nochmals.«

Etwas zu erzählen hätte er allemal. An einer der Wände seines Büros in Den Haag hing einst ein Gemälde, darauf zu sehen war ein Segelschiff, das auf hoher See unterwegs war, ohne erkennbares Ziel. Etwas gar ratlos schien es auf dem Wasser herumzutreiben, weit und breit war kein anderes Schiff zu sehen. Am unteren Bildrand stand ein Zitat von Carl Schurz, einem exilierten deutschen Revolutionär und späteren Innenminister der Vereinigten Staaten in der zweiten Hälfte des 19. Jahrhunderts. Schurz hatte einst gesagt: »Ideale sind wie Sterne. Du wirst sie nicht mit deinen Händen berühren können, aber wie der Seefahrer auf dem Wasser wählst du sie als Führer, und ihnen folgend wirst du deinen Hafen erreichen.« Die Welt wird nie gerecht genug sein, als dass sie Juristen wie René Blattmann nicht mehr bräuchte. Viel wichtiger ist, *dass* es sie gibt. Dass sie ihre Ideale verfolgen und verteidigen, auch wenn der Grund für ihre Notwendigkeit sich ihnen querstellt, sie diskreditiert, ihre Errungenschaften untergräbt.

Es gibt sie, die Idealisten, sie werden gebraucht. Vielleicht mehr denn je. In Bolivien, in Guatemala. Im Kongo und in Den Haag. Aber nicht nur.

Die Seefahrt muss weitergehen.

Anhang

ÜBERSETZUNG GEDICHT (S. 6)

Im Frieden

Meinem Sonnenuntergang sehr nahe, segne ich dich,
Leben,
denn du hast mir nie gescheiterte Hoffnung gegeben,
keine ungerechte Mühsal, kein unverdientes Leid;

weil ich am Ende meines rauen Weges sehe,
dass ich der Architekt meines eigenen Schicksals war;

dass, wenn ich den Dingen den Honig oder die Galle
entzogen habe,
dann deshalb, um ihnen Galle oder schmackhaften
Honig zuzufügen:
Wenn ich Rosensträucher pflanzte, erntete ich immer
Rosen.

... Gewiss, der Winter wird auf meine Üppigkeit folgen:
Aber du hast mir nicht gesagt, dass der Mai ewig ist!

Gewiss habe ich die Nächte meines Leids lang empfunden,
aber du hast mir nicht bloß gute Nächte versprochen,
und stattdessen hatte ich einige heilige, heitere ...

Ich liebte, ich wurde geliebt, die Sonne streichelte
mein Gesicht.
Leben, du schuldest mir nichts! Leben, wir sind im
Frieden!

Von Amado Nervo; Übersetzung: Maurus Held

BILDNACHWEIS

Fotos: Besitz René Blattmann, außer:

S. 141 (oben): © Andreas Kirsch
S. 191: © Żubr Kresowy | Wikimedia Commons
S. 209: © Reporters
S. 223: © ICC-CPI | Coalition for the ICC;
Quelle: www.flickr.com/photos/coalitionforicc/4584009547

Tony Rinaudo

Unsere Bäume der Hoffnung

Hardcover
ISBN 978-3-906304-66-3

Dies ist die Geschichte einer zufälligen Entdeckung und wie sie nicht nur das Leben von Tony Rinaudo fundamental geändert, sondern auch das Klima und die Lebensverhältnisse von Millionen von Menschen verbessert hat.

Der australische Agrarökonom Tony Rinaudo pflanzte bereits in den 1980er-Jahren im afrikanischen Niger Baumsetzlinge, um den Vormarsch der Wüste zu stoppen. Doch nur wenige überstanden die staubigen Stürme und die Hitze. Eines Tages fiel es ihm wie Schuppen von den Augen: Bei den grünen Trieben, die überall um ihn herum aus dem Sand sprossen, handelte es sich bei genauerer Betrachtung um Baumtriebe. Wenn die Triebe aus dem Wurzelwerk nicht von Tieren gefressen oder die Wurzeln als Brennholz verwendet werden, entstehen daraus in wenigen Jahren große Bäume. Tony Rinaudo hat damit die Grundlage für eine sichere Wiederaufforstung gefunden.

In seiner Autobiografie erzählt Tony Rinaudo von seiner Entdeckung und der jahrelangen Überzeugungsarbeit, die er leisten musste, bis Farmer und Politiker seine sehr einfache und günstige Art der Wiederaufforstung ernst nahmen.

Mimmo Lucano

Das Dorf des Willkommens

Hardcover
ISBN 978-3-906304-87-8

Am 1. Juli 1998 landet an der Küste des kleinen kalabrischen Dorfs Riace ein Schiff mit kurdischen Flüchtlingen. Aus diesem Ereignis entsteht das »Paese dell'Accoglienza«, das »Dorf des Willkommens«, ein Dorf, das in den folgenden 20 Jahren international Bekanntheit erlangen wird. Aus aller Welt strömen Interessierte herbei, um sich zu informieren, was sich aus dem »Modell Riace« lernen ließe.

Initiator und Motor des Projekts ist Domenico »Mimmo« Lucano, Visionär, politischer Aktivist und Humanist. 2004 wird er zum Bürgermeister gewählt, ein Amt, das er bis 2018 innehat. Doch mit dem Aufstieg der italienischen Rechten und Lega-Chef Salvini als Innenminister wird er kriminalisiert. Mimmo Lucano wurde wegen Beihilfe zur illegalen Migration und anderen Gesetzesverstößen im September 2021 zu 13 Jahren Haft verurteilt.

Wie wollen wir in Zukunft leben? Was ist uns wichtig, was brauchen wir, um als Einzelne und als Gesellschaft unsere Seele nicht zu verlieren? Das sind Fragen, die Mimmo Lucano in seiner Autobiografie aufwirft.

Christoph Emanuel Dejung

Emil Oprecht
Verleger der Exilautoren

Hardcover
ISBN 978-3-906304-37-3

Im Dienste der Menschenwürde fühlten sich der Verleger und Buchhändler Emil Oprecht (1895–1952) und seine Frau Emmie dazu berufen, gegen Gewaltherrschaft zu kämpfen. Das Verlagshaus und die Wohnung der Oprechts wurden insbesondere in der Zeit des Zweiten Weltkriegs zur Anlaufstelle für Emigranten und verfolgte Kunstschaffende und Intellektuelle. Das Ehepaar bot ihnen Unterschlupf und beschaffte Visa und Pässe.

Oprecht gründete 1925 seine Buchhandlung an der Rämistrasse 5 in Zürich. Sie war bis zur Schließung 2003 eine feste Institution der Stadt. Parallel zur Eröffnung der Buchhandlung entstand auch der erste Verlag und 1933 der Europa Verlag. Zu den über 100 Exilautor:innen gehörten so renommierte Autor:innen wie Else Lasker Schüler, Heinrich Mann und Golo Mann, Ernst Bloch, Ignazio Silone und Max Horkheimer. Ihre Werke musste Oprecht oft gegen Druck aus dem Ausland und gegen die heimische Zensur verteidigen. Gleiches galt bei seiner Tätigkeit für das Schauspielhaus Zürich: Von 1938 bis zu seinem Tod 1952 sorgte er als Präsident der Neuen Schauspiel AG und als kaufmännischer Direktor mit viel Engagement dafür, dass das Theater in diesen prekären Zeiten weiterexistieren konnte.

Ursula Corbin

»Du sollst nicht töten«
Nachrichten aus dem Todestrakt

Hardcover
ISBN 978-3-906304-80-9

Seit mehr als 30 Jahren korrespondiert Ursula Corbin mit Menschen, die in einem US-amerikanischen Gefängnis auf ihre Hinrichtung warten. In diesem Buch erzählt sie die Geschichten von Clifford, Steven, Freddie und Lee; sie berichtet, wie das amerikanische Justizsystem funktioniert und von Menschen wie Mrs. Wilcox, die sich um diese Menschen kümmert, oder den Journalisten von Radio KDOL 91, die die Mauern des Todestrakts durchbrechen. Sie lässt Andy, Pablo und Ramon zu Wort kommen. Und sie zeigt auf, warum der unschuldig verurteilte Levi vermutlich noch Jahre auf seine Freilassung warten muss, obwohl der wahre Täter inzwischen gefasst wurde.

Im Buch »Du sollst nicht töten« werden die Geschichten von acht Menschen erzählt, mit denen Ursula Corbin über längere Zeit im Briefkontakt stand. Man erfährt, unter welchen Umständen es zu den Taten gekommen ist, was es bedeutet, nach dem Todesurteil jahrelang auf die Hinrichtung zu warten. Man erfährt aber auch, welche Rolle die Religion und Gott für die Häftlinge spielt, wie ein Besuch im Todestrakt in Texas abläuft und wie das Rechtssystem in den USA funktioniert.

hearts100

2020 hat sich aufgrund der Corona-Pandemie unsere gewohnte Welt schlagartig verändert. Die Wahrheit ist: Niemand weiß, welche Probleme daraus uns noch lange beschäftigen werden. Ebenso wahr ist: Wegen dieses Ereignisses und seinen Folgen leiden vor allem Frauen, die in einem weniger privilegierten Umfeld leben als wir. Daran möchten wir – zusammen mit Ihnen/Dir – etwas ändern.

Mit wenig viel erreichen: Mit CHF 100 helfen Sie Frauen und Mädchen in Afghanistan sowie in Nigeria, ein eigenständiges Leben in Würde zu führen.

Die einzelnen Projekte – Ausbildung zu Imkerinnen, Näherinnen oder Schulbesuch – sehen Sie auf **www.hearts100.org**

Der gemeinnützige Verein Hearts100 ist ein Engagement der Verlegerin Anne Rüffer, der Psychologin Angelika U. Reutter und der Unternehmerin Simona Scarpaleggia sowie von Dr. Sima Samar (Afghanistan), »Alternativer Nobelpreis« 2012, und Nimmo Bassey (Nigeria), »Alternativer Nobelpreis« 2010.